Ali Evren Göksungur

Assinatura eletrónica e sistemas de gestão de documentos electrónicos

AF571207

Ali Evren Göksungur

Assinatura eletrónica e sistemas de gestão de documentos electrónicos

Revolução digital

ScienciaScripts

Imprint

Any brand names and product names mentioned in this book are subject to trademark, brand or patent protection and are trademarks or registered trademarks of their respective holders. The use of brand names, product names, common names, trade names, product descriptions etc. even without a particular marking in this work is in no way to be construed to mean that such names may be regarded as unrestricted in respect of trademark and brand protection legislation and could thus be used by anyone.

Cover image: www.ingimage.com

This book is a translation from the original published under ISBN 978-3-330-65220-0.

Publisher:
Sciencia Scripts
is a trademark of
Dodo Books Indian Ocean Ltd. and OmniScriptum S.R.L publishing group

120 High Road, East Finchley, London, N2 9ED, United Kingdom
Str. Armeneasca 28/1, office 1, Chisinau MD-2012, Republic of Moldova, Europe
Printed at: see last page
ISBN: 978-620-8-25183-3

Copyright © Ali Evren Göksungur
Copyright © 2024 Dodo Books Indian Ocean Ltd. and OmniScriptum S.R.L publishing group

ÍNDICE DE CONTEÚDOS

CAPÍTULO 1

Resumo executivo

Este documento aborda a assinatura eletrónica e os sistemas de gestão de documentos electrónicos, as suas implementações em diferentes áreas, os métodos tecnológicos, os métodos de interface com o utilizador e também os tipos de assinatura eletrónica e as interações com os SGAE. O EDMS (Electronic Document Management Systems) é a forma mais eficaz de gerir os documentos em formato eletrónico. O EDMS ajuda a receber documentos, a transferi-los, a armazená-los e a enviá-los. A assinatura eletrónica é um dado que está logicamente associado a outro dado e que é utilizado pelo signatário para assinar. A assinatura eletrónica tem o mesmo valor jurídico que a assinatura manuscrita, desde que respeite as regras ao abrigo das quais foi criada. A assinatura eletrónica e o EDMS funcionam lado a lado para armazenar documentos de forma segura e criar um sistema de gestão de documentos fiável.

CAPÍTULO 2

Introdução

Atualmente, a maioria dos documentos é criada nas plataformas digitais. Os documentos digitais são criados em plataformas electrónicas e são enviados, recebidos e conservados nessas plataformas. A elevada eficiência, a facilidade de utilização e de transferência de dados e a necessidade mínima de espaço físico são as vantagens dos documentos electrónicos. O tráfego de documentos digitais num sistema é muito grande. A gestão destes documentos e o seu armazenamento segundo regras específicas tornam estes sistemas úteis. Para melhorar a gestão eficiente dessa quantidade de documentos, o EDMS (Electronic Document Management Systems) aplica métodos tecnológicos a esses documentos. A assinatura eletrónica é uma parte essencial do SGED, que abrange a segurança e a propriedade dos documentos e também a validação do documento. A assinatura eletrónica tem muitas aplicações no mundo atual, como a administração pública em linha, a indústria dos cuidados de saúde, o comércio eletrónico e a utilização privada. Para assinar um documento que é criado e gerido no mundo digital, a assinatura eletrónica tem muitos métodos diferentes. A assinatura eletrónica é a base do cidadão digital que ajudará o governo e outras organizações a detetar pessoas de forma segura e eficiente no mundo digital. Existem alguns estudos para criar a identidade eletrónica, que é uma versão melhorada da assinatura eletrónica. A validade das assinaturas electrónicas está comprovada e protegida pela legislação de muitos países.

CAPÍTULO 3

Sistemas de gestão eletrónica de documentos

O sistema de gestão eletrónica de documentos é um sistema (baseado em programas informáticos, no caso da gestão de documentos digitais) utilizado para rastrear, gerir e armazenar documentos e reduzir o papel. A maioria é capaz de manter um registo das várias versões criadas e modificadas por diferentes utilizadores (rastreio do histórico). O termo tem alguma sobreposição com os conceitos de sistemas de gestão de conteúdos. É frequentemente considerado como um componente dos sistemas de gestão de conteúdos empresariais (ECM) e está relacionado com a gestão de activos digitais, a imagiologia de documentos, os sistemas de fluxo de trabalho e os sistemas de gestão de registos.

Os regulamentos governamentais exigem que as empresas que trabalham em determinados sectores controlem os seus documentos. Estas indústrias incluem a contabilidade (por exemplo: 8ª Diretiva da UE, Lei Sarbanes-Oxley), segurança alimentar (por exemplo, Lei de Modernização da Segurança Alimentar), ISO (mencionada acima), fabrico de dispositivos médicos (FDA), fabrico de sangue, células humanas e produtos de tecidos (FDA), cuidados de saúde (JCAHO) e tecnologia da informação (ITIL). Algumas indústrias trabalham com requisitos de controlo de documentos mais rigorosos devido ao tipo de informação que retêm para fins de privacidade, garantia ou outros fins altamente regulamentados. Os exemplos incluem a Informação de Saúde Protegida (PHI), conforme exigido pela HIPAA, ou documentos de projectos de construção necessários para períodos de garantia. Os documentos armazenados num sistema de gestão de documentos, tais como procedimentos, instruções de trabalho e declarações de política, fornecem provas de documentos sob controlo. O não cumprimento pode causar multas, a perda de negócios ou danos à reputação de uma empresa.

Componentes de um sistema de gestão de documentos

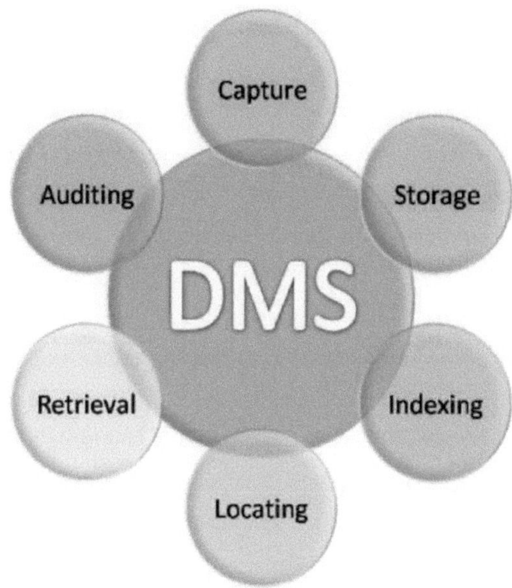

Figura-1 Componentes de um sistema de gestão de documentos

Os sistemas de gestão de documentos fornecem normalmente armazenamento, controlo de versões, metadados, segurança, bem como capacidades de indexação e recuperação. Normalmente, os metadados são armazenados para cada documento. Os metadados podem, por exemplo, incluir a data em que o documento será armazenado e a identidade do utilizador que o armazena. O DMS pode também extrair metadados do documento automaticamente ou pedir ao utilizador que os adicione. Alguns sistemas também utilizam o reconhecimento ótico de caracteres em imagens digitalizadas ou efectuam a extração de texto em documentos electrónicos. O texto extraído resultante pode ser utilizado para ajudar os utilizadores a localizar documentos, identificando palavras-chave prováveis ou fornecendo a capacidade de pesquisa de texto completo, ou pode ser utilizado por si só. O texto extraído pode também ser armazenado como componente de metadados, armazenado com a imagem ou separadamente como fonte de pesquisa em colecções de documentos.

Muitos sistemas de gestão de documentos tentam integrar a gestão de documentos diretamente noutras aplicações, para que os utilizadores possam recuperar documentos existentes diretamente do repositório do sistema de gestão de documentos, fazer alterações e guardar o documento alterado no repositório como uma nova versão, tudo isto sem sair da aplicação. Esta integração está normalmente disponível para suites de escritório e software de correio eletrónico ou de colaboração/groupware. A integração utiliza frequentemente normas abertas, como ODMA, LDAP, WebDAV e SOAP, para permitir a integração com outro software e a conformidade com os controlos internos. O armazenamento dos documentos inclui frequentemente a gestão desses mesmos documentos; onde são armazenados, durante quanto tempo, a migração dos documentos de um suporte de armazenamento para outro (gestão hierárquica do armazenamento) e a eventual destruição dos documentos.

A captura envolve principalmente a aceitação e o processamento de imagens de documentos em papel a partir de scanners ou impressoras multifunções. O software de reconhecimento ótico de caracteres (OCR) é frequentemente utilizado, quer integrado no hardware quer como software autónomo, para converter imagens digitais em texto legível por máquina. O software de reconhecimento ótico de marcas (OMR) é por vezes utilizado para extrair os valores das caixas de verificação ou das bolhas. A captura pode também envolver a aceitação de documentos electrónicos e outros ficheiros informáticos.
A indexação rastreia documentos electrónicos. A indexação pode ser tão simples como manter um registo de identificadores únicos de documentos; mas muitas vezes assume uma forma mais complexa, fornecendo classificação através dos metadados dos documentos ou mesmo através de índices de palavras extraídos do conteúdo dos documentos. A indexação existe principalmente para apoiar a recuperação. Uma área de importância crítica para a recuperação rápida é a criação de uma topologia de índice.

Armazenar documentos electrónicos. O armazenamento dos documentos inclui frequentemente a gestão desses mesmos documentos; onde são armazenados, durante quanto tempo, a migração dos documentos de um suporte de armazenamento para outro (gestão hierárquica do armazenamento) e a eventual destruição dos documentos.

Recuperar os documentos electrónicos do armazenamento. Embora a noção de recuperação de um determinado documento seja simples, a recuperação no contexto eletrónico pode ser bastante complexa e poderosa. A recuperação simples de documentos individuais pode ser suportada permitindo ao utilizador especificar o identificador único do documento e fazendo com que o sistema utilize o índice básico (ou uma consulta não indexada no seu armazenamento de dados) para recuperar o documento. Uma recuperação mais flexível permite que o utilizador especifique termos de pesquisa parciais que envolvam o identificador do documento e/ou partes dos metadados esperados. Normalmente, isto devolveria uma lista de documentos que correspondem aos termos de pesquisa do utilizador. Alguns sistemas permitem especificar uma expressão booleana que contém várias palavras-chave ou frases de exemplo que se espera que existam no conteúdo dos documentos. A recuperação para este tipo de consulta pode ser suportada por índices previamente construídos, ou pode efetuar pesquisas mais demoradas através do conteúdo dos documentos para devolver uma lista dos documentos potencialmente relevantes.

O fluxo de trabalho é um processo complexo e alguns sistemas de gestão de documentos têm um módulo de fluxo de trabalho incorporado. Existem diferentes tipos de fluxo de trabalho. A sua utilização depende do ambiente em que o sistema de gestão eletrónica de documentos (SGED) é aplicado. O fluxo de trabalho manual requer que um utilizador visualize o documento e decida a quem o enviar. O fluxo de trabalho baseado em regras permite que um administrador crie uma regra que dita o fluxo do documento através de uma organização: por exemplo, uma fatura passa por um processo de aprovação e depois é encaminhada para o departamento de contas a pagar. As regras dinâmicas permitem a criação de ramificações num processo de workflow. Um exemplo simples seria introduzir o montante de uma fatura e, se o montante for inferior a um determinado valor definido, a fatura segue diferentes percursos através da organização. Os mecanismos avançados de fluxo de trabalho podem manipular conteúdos ou sinalizar processos externos enquanto estas regras estão em vigor.

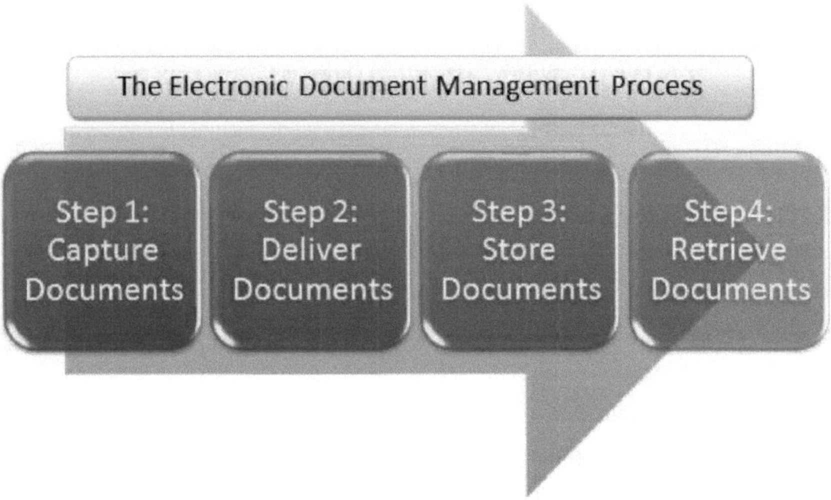

The Electronic Document Management Process

Step 1: Capture Documents

Step 2: Deliver Documents

Step 3: Store Documents

Step4: Retrieve Documents

Figura-2 Processo de gestão eletrónica de documentos

A segurança dos documentos é vital em muitas aplicações de gestão de documentos. Os requisitos de conformidade para determinados documentos podem ser bastante complexos, dependendo do tipo de documentos. Por exemplo, nos Estados Unidos, os requisitos da Lei de Portabilidade e Responsabilidade dos Seguros de Saúde (HIPAA) determinam que os documentos médicos têm determinados requisitos de segurança. Alguns sistemas de gestão de documentos têm um módulo de gestão de direitos que permite ao administrador dar acesso aos documentos, com base no tipo, apenas a determinadas pessoas ou grupos de pessoas. A marcação dos documentos no momento da impressão ou da criação do PDF é um elemento essencial para impedir a sua alteração ou utilização não intencional. O núcleo da segurança nos sistemas de gestão de documentos é a assinatura eletrónica. As assinaturas electrónicas garantem a segurança através da assinatura de documentos electrónicos com os dados do signatário, utilizando algoritmos criptográficos.

CAPÍTULO 4

Assinatura eletrónica

Uma assinatura eletrónica, ou e-signature, refere-se a dados em formato eletrónico, que estão logicamente associados a outros dados em formato eletrónico e que são utilizados pelo signatário para assinar. Este tipo de assinatura tem o mesmo valor jurídico que uma assinatura manuscrita, desde que cumpra os requisitos do regulamento específico ao abrigo do qual foi criada (por exemplo, eIDAS na União Europeia, NIST-DSS nos EUA ou ZertES na Suíça).

As assinaturas electrónicas são um conceito jurídico distinto das assinaturas digitais, um mecanismo criptográfico frequentemente utilizado para implementar assinaturas electrónicas. Embora uma assinatura eletrónica possa ser tão simples como um nome introduzido num documento eletrónico, as assinaturas digitais são cada vez mais utilizadas no comércio eletrónico e em registos regulamentares para implementar assinaturas electrónicas de uma forma criptograficamente protegida. As agências de normalização, como o NIST ou o ETSI, fornecem normas para a sua implementação (por exemplo, NIST-DSS, XAdES ou PAdES
) O conceito em si não é novo, tendo as jurisdições de direito comum reconhecido as assinaturas telegráficas desde meados do século XIX e as assinaturas por fax desde a década de 1980.

A assinatura eletrónica destina-se a fornecer um método de identificação seguro e preciso para o signatário, a fim de permitir uma transação sem descontinuidades. As definições de assinatura eletrónica variam consoante a jurisdição aplicável. Um denominador comum na maioria dos países é o nível de uma assinatura eletrónica avançada que exige que :

1. O signatário pode ser identificado de forma inequívoca e associado à assinatura
2. O signatário deve ter o controlo exclusivo da chave privada que foi utilizada para criar a assinatura eletrónica
3. A assinatura deve ser capaz de identificar se os dados que a acompanham foram adulterados depois de a mensagem ter sido assinada
4. Se os dados de acompanhamento tiverem sido alterados, a assinatura deve ser invalidada

As assinaturas electrónicas podem ser criadas com níveis crescentes de segurança, tendo cada uma o seu próprio conjunto de requisitos e meios de criação a vários níveis que comprovam a validade da assinatura. Para conferir um valor probatório ainda mais forte do que a assinatura eletrónica avançada acima descrita, alguns países como a União Europeia ou a Suíça introduziram a assinatura eletrónica qualificada. Tecnicamente, uma assinatura eletrónica qualificada é implementada através de uma assinatura eletrónica avançada que utiliza um certificado digital, que foi encriptado através de um dispositivo de criação de assinaturas de segurança e que foi autenticado por um prestador de serviços de confiança qualificado.

Existem diferentes requisitos legais para as assinaturas electrónicas, dependendo da jurisdição aplicável. Por exemplo, os regulamentos dos EUA (UETA) não são tão rigorosos. Em suma, não se deve negar validade ou efeito legal às assinaturas electrónicas e aos documentos assinados eletronicamente.

Na UE, de acordo com o regulamento eIDAS, as assinaturas electrónicas são utilizadas juntamente com as assinaturas manuscritas. No entanto, em processos judiciais, apenas as assinaturas electrónicas avançadas são reconhecidas como válidas. E só as assinaturas electrónicas qualificadas têm o nível mais elevado de validade (são legalmente iguais às assinaturas manuscritas). O eIDAS distingue três tipos de assinaturas electrónicas em função do nível de segurança:

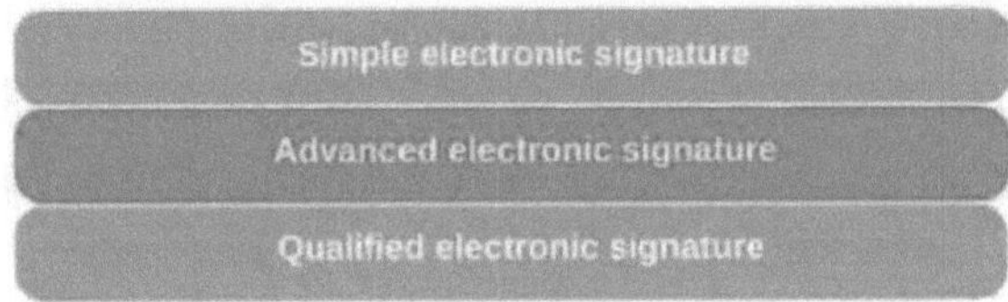

Figura-3 Níveis de segurança da assinatura eletrónica

Assinaturas electrónicas "simples

Uma assinatura eletrónica é definida como "dados em formato eletrónico que são anexados ou logicamente associados a outros dados em formato eletrónico e que são utilizados pelo signatário para assinar" [1] . Assim, algo tão simples como escrever o seu nome numa mensagem de correio eletrónico pode constituir uma assinatura eletrónica.

Embora as assinaturas electrónicas simples possam ser utilizadas no dia a dia das empresas, as assinaturas electrónicas avançadas são necessárias para questões jurídicas. Eis o que torna uma assinatura eletrónica avançada:

1. Pode identificar o signatário de forma inequívoca.
2. Os dados de criação da assinatura são da exclusiva responsabilidade do signatário.
3. Deve ser automaticamente invalidado se os dados originais contidos no documento forem alterados após a assinatura do documento.

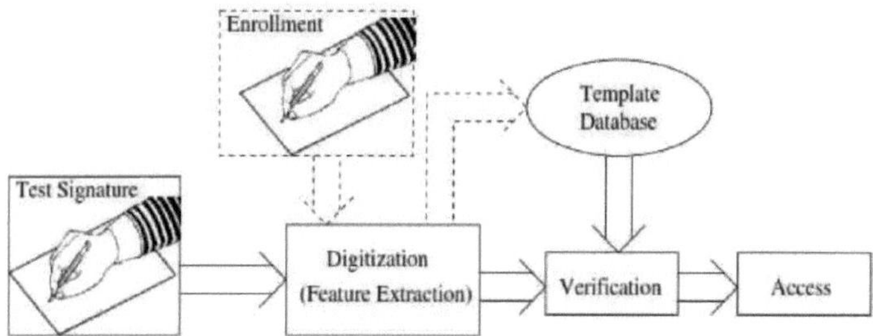

Figura-4 Assinatura eletrónica simples não estruturada

Assinaturas electrónicas avançadas (AdES)

Uma assinatura eletrónica avançada é uma assinatura eletrónica que é adicionalmente:

- ligado de forma exclusiva ao signatário e capaz de o identificar;
- criados de forma a permitir que o signatário mantenha o controlo;
- ligados ao documento de forma a que qualquer alteração posterior dos dados seja detetável.

A tecnologia mais comummente utilizada para fornecer estas caraterísticas é a utilização de uma infraestrutura de chave pública (PKI), que envolve a utilização de certificados e chaves criptográficas.

Assinaturas electrónicas qualificadas (AEQ)

Uma assinatura eletrónica qualificada é uma assinatura eletrónica avançada que é adicionalmente:

- criado por um dispositivo qualificado de criação de assinaturas;

- e baseia-se num certificado qualificado para assinaturas electrónicas.

Os dispositivos de criação de assinaturas existem sob várias formas para proteger os dados de criação de assinaturas electrónicas do signatário, tais como cartões inteligentes, cartões SIM e chaves USB. Os "dispositivos de criação de assinaturas à distância" também podem ser utilizados quando o dispositivo não está na posse física do signatário, mas é gerido por um fornecedor. Estas soluções de assinatura qualificada à distância oferecem uma melhor experiência ao utilizador, mantendo a segurança jurídica proporcionada pelas assinaturas electrónicas qualificadas.

Os certificados qualificados para assinaturas electrónicas são fornecidos por fornecedores (públicos e privados) a quem foi concedido o estatuto de qualificado por uma autoridade nacional competente, conforme indicado nas "listas de confiança" nacionais do Estado-Membro da UE. Muitos fornecedores de certificados qualificados fornecerão a chave privada correspondente num dispositivo de criação de assinaturas qualificado.

Embora diferentes níveis de assinaturas electrónicas possam ser adequados em diferentes contextos, apenas as assinaturas electrónicas qualificadas são explicitamente reconhecidas como tendo o efeito jurídico equivalente ao das assinaturas manuscritas em toda a UE.

CAPÍTULO 5

Legislação

Em 1996, as Nações Unidas publicaram a Lei Modelo da UNCITRAL sobre o comércio eletrónico. O artigo 7.º da Lei Modelo da UNCITRAL sobre o Comércio Eletrónico teve grande influência no desenvolvimento da legislação sobre assinaturas electrónicas em todo o mundo, incluindo nos EUA. Em 2001, a CNUDCI concluiu os trabalhos sobre um texto específico, a Lei Modelo da CNUDCI sobre Assinaturas Electrónicas, que foi adoptada em cerca de 30 jurisdições. O último texto da UNCITRAL que trata das assinaturas electrónicas é o n.º 3 do artigo 9.º da Convenção das Nações Unidas sobre a Utilização das Comunicações Electrónicas nos Contratos Internacionais, de 2005, que estabelece um mecanismo de equivalência funcional entre as assinaturas electrónicas e manuscritas a nível internacional, bem como de reconhecimento transfronteiriço.

A lei canadiana (PIPEDA) tenta clarificar a situação, começando por definir uma assinatura eletrónica genérica como "uma assinatura que consiste numa ou mais letras, caracteres, números ou outros símbolos em formato digital incorporados, anexados ou associados a um documento eletrónico", definindo depois uma assinatura eletrónica segura como uma assinatura eletrónica com propriedades específicas. Os regulamentos relativos à assinatura eletrónica segura da PIPEDA aperfeiçoam a definição como sendo uma assinatura digital aplicada e verificada de uma forma específica.

O Regulamento (UE) n.º 910/2014 relativo à identificação eletrónica e aos serviços de confiança para as transacções electrónicas no mercado interno (mais conhecido por Regulamento eIDAS) aplica-se diretamente aos Estados-Membros da UE desde 1 de julho de 2016, data em que entrou plenamente em vigor e em que foi revogada a Diretiva Assinaturas Electrónicas de 1999. O novo quadro jurídico garante segurança jurídica para a utilização transfronteiriça de assinaturas electrónicas, selos electrónicos, carimbos temporais, serviços de entrega eletrónica e certificados de autenticação de sítios Web. As principais alterações introduzidas pelo Regulamento eIDAS são as seguintes

1. Um regulamento e não uma diretiva, o que o torna diretamente aplicável em toda a Europa sem necessidade de transposição para a legislação nacional
2. Abrir caminho a novas soluções de assinatura qualificada à distância e melhorar a experiência do utilizador

3. Uma harmonização pan-europeia da assinatura eletrónica
4. Os documentos electrónicos não podem ser privados de efeitos jurídicos pelo simples facto de se encontrarem em formato eletrónico
5. Serviços fiduciários qualificados em toda a Europa
6. A introdução de selos electrónicos, disponíveis para as pessoas colectivas, tecnologicamente semelhantes à assinatura eletrónica e que garantem a identidade e a integridade
7. A introdução da marcação de tempo
8. O efeito constitutivo das listas nacionais de confiança
9. Um serviço de validação qualificado para assinaturas electrónicas qualificadas

O REGULAMENTO (UE) N.º 910/2014 relativo à identificação eletrónica e aos serviços de confiança para as transações eletrónicas no mercado interno europeu (eIDAS) estabelece o quadro jurídico para as assinaturas eletrónicas. A versão atual e aplicável do eIDAS foi publicada pelo Parlamento Europeu e pelo Conselho Europeu em 23 de julho de 2014. Nos termos do artigo 25.º do Regulamento eIDAS, uma assinatura eletrónica avançada "não pode ser privada de efeitos jurídicos e de admissibilidade como prova em processos judiciais"[2], mas terá um valor probatório mais elevado se for elevada ao nível de uma assinatura eletrónica qualificada. Ao exigir a utilização de um dispositivo qualificado de criação de assinaturas electrónicas e ao basear-se num certificado emitido por um prestador de serviços de confiança qualificado, a assinatura avançada melhorada tem, de acordo com o artigo 25.º do Regulamento eIDAS, o mesmo valor jurídico que uma assinatura manuscrita [3]. No entanto, esta situação só é regulamentada na União Europeia e, de forma semelhante, através da ZertES na Suíça. A assinatura eletrónica qualificada não está definida nos Estados Unidos.
O Código dos EUA define uma assinatura eletrónica para efeitos da legislação dos EUA como "um som, símbolo ou processo eletrónico, anexado ou logicamente associado a um contrato ou outro registo e executado ou adotado por uma pessoa com a intenção de assinar o registo". Pode ser uma transmissão eletrónica do documento que contém a assinatura, como no caso das transmissões por fax, ou pode ser uma mensagem codificada, como a telegrafia que utiliza o código Morse.

Nos Estados Unidos, a definição do que é considerado uma assinatura eletrónica é ampla e consta da Lei Uniforme sobre Transacções Electrónicas ("UETA"), publicada pela Conferência Nacional dos Comissários para as Leis Uniformes dos Estados (NCCUSL) em 1999, tendo sido influenciada pelos livros brancos da comissão da ABA e pela lei uniforme promulgada pela NCCUSL. Nos termos da

UETA, o termo significa "um som, símbolo ou processo eletrónico, ligado ou logicamente associado a um registo e executado ou adotado por uma pessoa com a intenção de assinar o registo". [4] Esta definição e muitos outros conceitos fundamentais da UETA são retomados no ESign Act de 2000 dos EUA. 47 estados dos EUA, o Distrito de Columbia e as Ilhas Virgens dos EUA promulgaram a UETA. Apenas Nova Iorque, o Estado de Washington e o Illinois não promulgaram a UETA, mas cada um destes Estados adoptou o seu próprio estatuto de assinaturas electrónicas.

CAPÍTULO 6

Implementações tecnológicas

As assinaturas digitais são implementações criptográficas de assinaturas electrónicas utilizadas como prova de autenticidade, integridade dos dados e não repúdio das comunicações efectuadas através da Internet. Quando implementada em conformidade com as normas de assinatura digital, a assinatura digital deve oferecer privacidade de extremo a extremo, sendo o processo de assinatura seguro e de fácil utilização.

A diferença entre a assinatura eletrónica avançada e a assinatura eletrónica qualificada é a adição de um certificado qualificado. Uma assinatura eletrónica qualificada é uma assinatura eletrónica conforme com o Regulamento (UE) n.º 910/2014 (Regulamento eIDAS) para transacções electrónicas no mercado interno europeu. Permite verificar a autoria de uma declaração no intercâmbio eletrónico de dados durante longos períodos de tempo. As assinaturas electrónicas qualificadas podem ser consideradas como equivalentes digitais às assinaturas manuscritas. O certificado qualificado é emitido por um prestador de serviços de confiança qualificado e atesta a autenticidade da assinatura eletrónica para servir de prova da identidade do signatário. Como parte do processo de criação do certificado, o prestador de serviços de confiança qualificado deve fornecer uma data e hora válidas para os certificados criados. As assinaturas com certificados expirados devem ser imediatamente revogadas. O pessoal do prestador deve ter formação adequada e utilizar sistemas e software fiáveis que impeçam a falsificação de certificados.

Certificado digital qualificado

No contexto do Regulamento (UE) n.º 910/2014 (eIDAS), um certificado digital qualificado é um certificado de chave pública emitido por um prestador de serviços de confiança qualificado que garante a autenticidade e a integridade dos dados de uma assinatura eletrónica e da mensagem que a acompanha e/ou dos dados anexados.

O eIDAS define vários níveis de assinaturas electrónicas que podem ser utilizadas na realização de transacções do sector público e privado dentro e fora das fronteiras dos Estados-Membros da UE. É necessário um certificado digital qualificado, para além de outros serviços específicos prestados por um prestador de serviços de confiança qualificado, para elevar o estatuto de uma assinatura eletrónica ao de assinatura eletrónica qualificada. Utilizando criptografia, o certificado digital, também conhecido como certificado de chave pública, contém informações que o ligam ao seu proprietário e a assinatura digital da entidade de confiança que verifica a autenticidade do conteúdo que foi assinado.

De acordo com o eIDAS, para ser considerado um certificado digital qualificado, o certificado deve cumprir os requisitos previstos no anexo I do Regulamento (UE) n.º 910/2014, incluindo, mas não se limitando a:

- Identificação de que o certificado é um certificado qualificado para assinatura eletrónica
- Identificação do prestador qualificado de serviços de confiança que emitiu o certificado qualificado, incluindo as seguintes informações
- Dados correspondentes de validação da assinatura eletrónica e dados de criação da assinatura eletrónica
- Indicação do período de validade do certificado
- Código único de identidade do certificado do prestador de serviços de confiança
- Assinatura eletrónica avançada ou selo eletrónico do prestador de serviços fiduciários qualificado

Um certificado qualificado para selo deve conter um nome, no mínimo, no elemento organizationName e um tipo de informação de identidade do tipo "VAT", "NTR" ou "SZ:", pelo menos num elemento serialNumber. O certificado de selagem não deve conter givenName, apelido ou pseudónimo (o que o diferencia definitivamente dos certificados qualificados e dos certificados de mandato emitidos a uma pessoa física). A referência à identidade da pessoa no número de série do artigo deve ser indicada no formato constituído por duas partes separadas por um espaço em branco (carácter ASCII 0x20) ou por um travessão "-" (carácter ASCII 0x2D). O traço "-" em vez do carácter "espaço em branco" deve estar presente no número de série do artigo nos certificados que serão emitidos a partir de 1 de setembro de 2014, enquanto que apenas uma referência à identidade da pessoa deve ser indicada num número de série do artigo e o certificado qualificado deve conter, no mínimo, um número de série do artigo com a referência à identidade da pessoa.
A primeira parte do item serialNumber é constituída por 3 caracteres iniciais que especificam o tipo de referência à identidade. Três caracteres iniciais identificam o tipo de referência à identidade:

1. "PAS" para identificação com base no número do passaporte,
2. "IDC" para identificação com base no número do bilhete de identidade,
3. "PNO" para identificação com base no número pessoal; os cidadãos eslovacos e os estrangeiros

têm o número pessoal atribuído no número pessoal,

4. "SZ:" para identificação com base num conjunto de caracteres ,
5. "IVA" para identificação com base no número de identificação fiscal,
6. "NTR" para identificação com base no número de registo da empresa.

Os dois caracteres seguintes, que contêm o código do país, identificam o país que emitiu os dados utilizados na segunda parte. Estes dados são fornecidos com base nos requisitos legislativos definidos no respetivo país. A segunda parte do elemento serialNumber é constituída por dados cujo tipo é determinado por 3 caracteres iniciais.

Exemplos do conteúdo de serialNumber: "PASSK P3000180", "IDCSK-SP989783", "SZ:SKMANDANT 123123" ou "SZ:SK-123123".

Algoritmos de assinatura digital

As assinaturas digitais são geradas e verificadas através de estruturas normalizadas, como o Algoritmo de Assinatura Digital (DSA) do NIST ou em conformidade com as normas XAdES, PAdES ou CAdES, especificadas pelo ETSI.

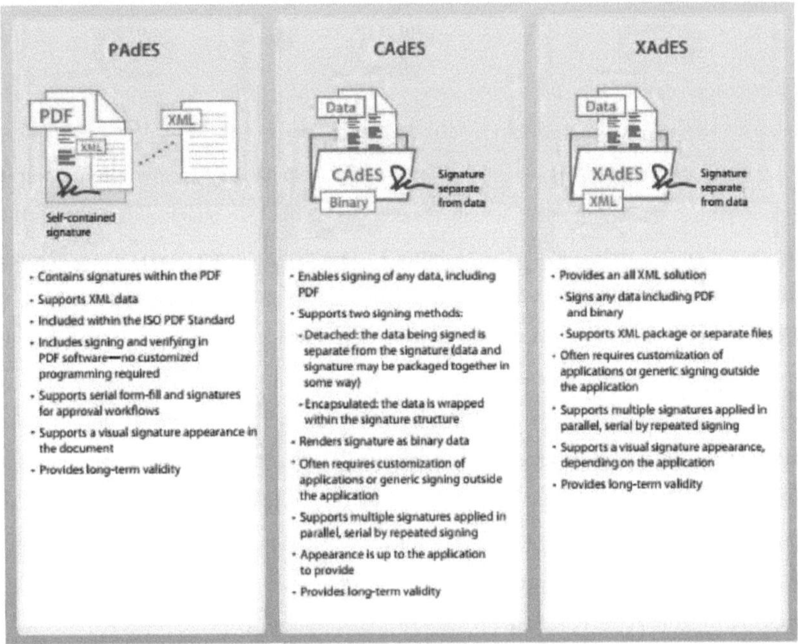

Figura 5. Comparação de PAdES, CAdES e XAdES

Normalmente, há três algoritmos envolvidos no processo de assinatura digital:

- Geração de chaves - Este algoritmo fornece uma chave privada juntamente com a sua correspondente chave pública.
- Assinatura - Este algoritmo produz uma assinatura ao receber uma chave privada e a mensagem que está a ser assinada.
- Verificação - Este algoritmo verifica a autenticidade da mensagem, verificando-a juntamente com a assinatura e a chave pública.

O processo de assinatura digital exige que a assinatura gerada pela mensagem fixa e pela chave privada possa ser autenticada pela chave pública que a acompanha. Utilizando estes algoritmos criptográficos, a assinatura do utilizador não pode ser replicada sem que este tenha acesso à sua chave privada, não sendo normalmente necessário um canal seguro. Ao aplicar métodos de criptografia assimétrica, o processo de assinatura digital impede vários ataques comuns em que o atacante tenta obter acesso através dos seguintes métodos de ataque.

As normas mais relevantes em matéria de assinaturas digitais no que respeita à dimensão dos mercados nacionais são a Norma de Assinatura Digital (DSS) do Instituto Nacional de Normas e Tecnologia (NIST) e o Regulamento eIDAS adotado pelo Parlamento Europeu.

O OpenPGP é um protocolo não proprietário para encriptação de correio eletrónico através de criptografia de chave pública. É suportado pelo PGP e pelo GnuPG, e por algumas das normas S/MIME IETF, tendo-se tornado na norma de encriptação de correio eletrónico mais popular do mundo.

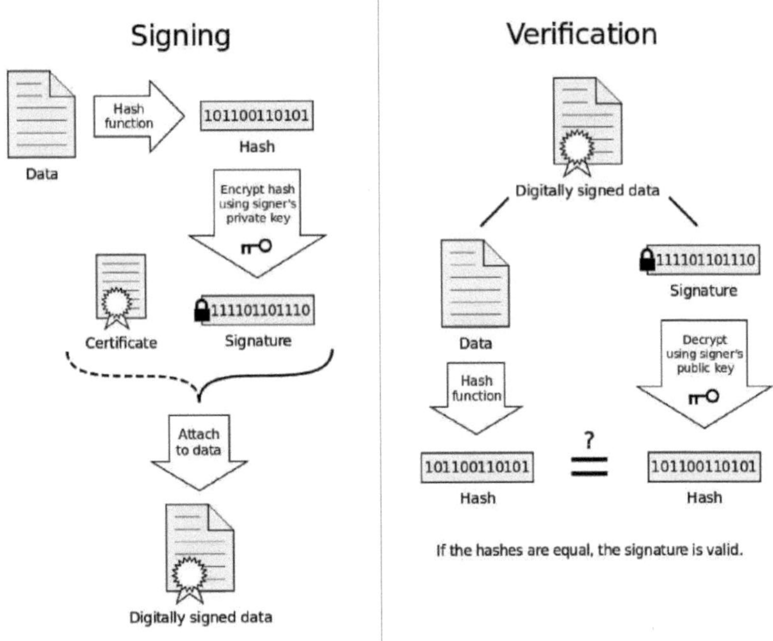

Figura - 6 Assinatura eletrónica de documentos - Verificação

Xades

Xades, abreviatura de "XML Advanced Electronic Signatures", é um conjunto de extensões da recomendação XML-DSig que a torna adequada para assinaturas electrónicas avançadas. O W3C e o ETSI mantêm e actualizam o XAdES em conjunto. [5]

Enquanto o XML-DSig é um quadro geral para a assinatura digital de documentos, o XAdES especifica perfis precisos do XML-DSig, tornando-o compatível com o regulamento europeu eIDAS (Regulamento relativo à identificação eletrónica e aos serviços de confiança para transacções electrónicas no mercado interno). O regulamento eIDAS melhora e revoga a Diretiva 1999/93/CE relativa às assinaturas electrónicas[6][7]. O EIDAS é juridicamente vinculativo em todos os Estados-Membros da UE desde julho de 2014. Uma assinatura eletrónica criada em conformidade com o eIDAS tem o mesmo valor jurídico que uma assinatura manuscrita[6].

Uma assinatura eletrónica, tecnicamente implementada com base no XAdES, tem o estatuto de assinatura eletrónica avançada[8], o que significa que

- está exclusivamente ligado ao signatário;
- é suscetível de identificar o signatário;
- apenas o signatário tem controlo sobre os dados utilizados para a criação da

assinatura;

- é possível identificar se os dados associados à assinatura foram alterados após a assinatura.

Uma propriedade resultante do XAdES é que os documentos assinados eletronicamente podem permanecer válidos durante longos períodos, mesmo que os algoritmos criptográficos subjacentes sejam quebrados.

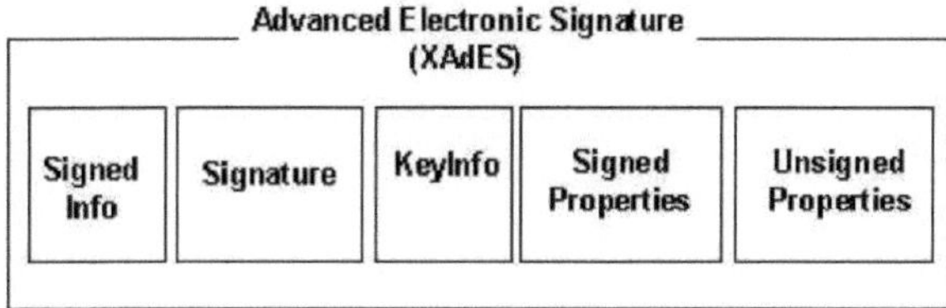

Figura - 7 Ilustração de um XAdES

```
                                          XMLDSIG
                                             |
<ds:Signature ID?>- - - - - - - - - - - - - -+- - - - -+
  <ds:SignedInfo>                            |         |
    <ds:CanonicalizationMethod/>             |         |
    <ds:SignatureMethod/>                    |         |
    (<ds:Reference URI? >                    |         |
      (<ds:Transforms>)?                     |         |
      <ds:DigestMethod>                      |         |
      <ds:DigestValue>                       |         |
    </ds:Reference>)+                        |         |
  </ds:SignedInfo>                           |         |
  <ds:SignatureValue>                        |         |
  (<ds:KeyInfo>)?- - - - - - - - - - - - - - +         |
                                                       |
  <ds:Object>                                          |
                                                       |
    <QualifyingProperties>                             |
                                                       |
      <SignedProperties>                               |
                                                       |
        <SignedSignatureProperties>                    |
          (SigningTime)                                |
          (SigningCertificate)                         |
          (SignaturePolicyIdentifier)                  |
          (SignatureProductionPlace)?                  |
          (SignerRole)?                                |
        </SignedSignatureProperties>                   |
                                                       |
        <SignedDataObjectProperties>                   |
          (DataObjectFormat)*                          |
          (CommitmentTypeIndication)*                  |
          (AllDataObjectsTimeStamp)*                   |
          (IndividualDataObjectsTimeStamp)*            |
        </SignedDataObjectProperties>                  |
                                                       |
      </SignedProperties>                              |
                                                       |
      <UnsignedProperties>                             |
                                                       |
        <UnsignedSignatureProperties>                  |
          (CounterSignature)*                          |
        </UnsignedSignatureProperties>                 |
                                                       |
      </UnsignedProperties>                            |
                                                       |
    </QualifyingProperties>                            |
                                                       |
  </ds:Object>                                         |
                                                       |
</ds:Signature>- - - - - - - - - - - - - - - - - - - - +
                                                       |
                                                     XAdES
```

Figura - 8 Ilustração da estrutura de formulários XAdES em pormenor

Os formulários XAdES baseiam-se no [XMLDSIG], acrescentando novos elementos XML que contêm informações de qualificação no diagrama da Figura 8, o elemento [XMLDSIG]ds:Object apresentado. Este elemento ds:Object funcionará como um saco para todo o conjunto de propriedades de qualificação definidas no presente documento, convenientemente agrupadas.

Uma assinatura eletrónica avançada XML (XAdES), com os dados de validação adicionais que formam a XAdES-T e a XAdES-C, é ilustrada na figura 9.

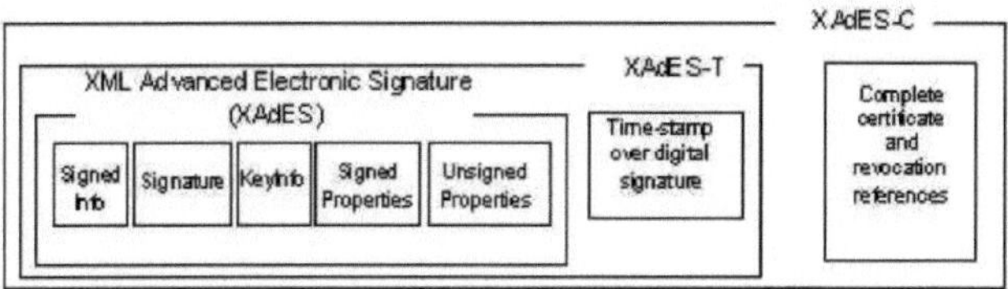

Figura - 9 Ilustração de um XAdES, XAdES-T e XAdES-C

```
                                     XMLDISG
                                        |
<ds:Signature ID?>- - - - - - - - - - - +- - - - +- - - +
  <ds:SignedInfo>                       |        |      |
    <ds:CanonicalizationMethod/>        |        |      |
    <ds:SignatureMethod/>               |        |      |
    (<ds:Reference URI? >               |        |      |
      (<ds:Transforms>)?                |        |      |
      <ds:DigestMethod>                 |        |      |
      <ds:DigestValue>                  |        |      |
    </ds:Reference>)+                   |        |      |
  </ds:SignedInfo>                      |        |      |
  <ds:SignatureValue>                   |        |      |
  (<ds:KeyInfo>)? - - - - - - - - - - - +        |      |
                                                 |      |
  <ds:Object>                                    |      |
                                                 |      |
    <QualifyingProperties>                       |      |
                                                 |      |
      <SignedProperties>                         |      |
                                                 |      |
        <SignedSignatureProperties>              |      |
          (SigningTime)                          |      |
          (SigningCertificate)                   |      |
          (SignaturePolicyIdentifier)            |      |
          (SignatureProductionPlace)?            |      |
          (SignerRole)?                          |      |
        </SignedSignatureProperties>             |      |
                                                 |      |
        <SignedDataObjectProperties>             |      |
          (DataObjectFormat)*                    |      |
          (CommitmentTypeIndication)*            |      |
          (AllDataObjectsTimeStamp)*             |      |
          (IndividualDataObjectsTimeStamp)*      |      |
        </SignedDataObjectProperties>            |      |
                                                 |      |
      </SignedProperties>                        |      |
                                                 |      |
      <UnSignedProperties>                       |      |
                                                 |      |
        <UnsignedSignatureProperties>            |      |
          (CounterSignature)*- - - - - - - - - - +      |
          (SignatureTimeStamp)+                         |
        </UnsignedSignatureProperties>- - - - - -+      |
                                                 |      |
      </UnsignedProperties>                      |      |
                                                 |      |
    </QualifyingProperties>                      |      |
                                                 |      |
  </ds:Object>                                   |      |
                                                 |      |
</ds:Signature>- - - - - - - - - - - - - - - - - +- - - +
                                                 |      |
                                               XAdES    |
                                                        |
                                                     XAdES-T
```

Figura - 10 Estrutura da assinatura XAdES-T

```
                                XMLDISG
                                   |
<ds:Signature ID?>- - - - - - - - -+- - - - - - +-+-+
  <ds:SignedInfo>                  |            | | |
    <ds:CanonicalizationMethod/>   |            | | |
    <ds:SignatureMethod/>          |            | | |
   (<ds:Reference URI? >           |            | | |
      (<ds:Transforms>)?           |            | | |
      <ds:DigestMethod>            |            | | |
      <ds:DigestValue>             |            | | |
    </ds:Reference>)+              |            | | |
  </ds:SignedInfo>                 |            | | |
  <ds:SignatureValue>              |            | | |
  (<ds:KeyInfo>)? - - - - - - - - -+            | | |
                                                | | |
  <ds:Object>                                   | | |
                                                | | |
    <QualifyingProperties>                      | | |
                                                | | |
      <SignedProperties>                        | | |
                                                | | |
        <SignedSignatureProperties>             | | |
        (SigningTime)                           | | |
        (SigningCertificate)                    | | |
        (SignaturePolicyIdentifier)             | | |
        (SignatureProductionPlace)?             | | |
        (SignerRole)?                           | | |
      </SignedSignatureProperties>              | | |
                                                | | |
      <SignedDataObjectProperties>              | | |
        (DataObjectFormat)*                     | | |
        (CommitmentTypeIndication)*             | | |
        (AllDataObjectsTimeStamp)*              | | |
        (IndividualDataObjectsTimeStamp)*       | | |
      </SignedDataObjectProperties>             | | |
                                                | | |
      </SignedProperties>                       | | |
                                                | | |
      <UnsignedProperties>                      | | |
                                                | | |
        </UnsignedSignatureProperties>          | | |
          (CounterSignature)*- - - - - - - - - -+ | |
          (SignatureTimeStamp)+- - - - - - - - - -+ |
          (CompleteCertificateRefs)                 |
          (CompleteRevocationRefs)                  |
        </UnsignedSignatureProperties>- - - - +-+   |
                                              | |   |
       </UnsignedProperties>                  | |   |
                                              | |   |
    </QualifyingProperties>                   | |   |
                                              | |   |
  </ds:Object>                                | |   |
                                              | |   |
</ds:Signature>- - - - - - - - - - - - - - - -+-+---+
                                              | |   |
                                           XadES|   |
                                                |   |
                                           XAdES-T  |
                                                    |
                                                 XAdES-C
```

Figura - 11 Estrutura para XAdES-C

Pades

Trata-se de um conjunto de restrições e extensões ao PDF e à norma ISO 32000-1 que o tornam adequado para a assinatura eletrónica avançada.

Enquanto o PDF e a ISO 32000-1 fornecem um quadro para a assinatura digital dos seus documentos, o PAdES especifica perfis precisos para utilização com a assinatura eletrónica avançada na aceção da Diretiva 1999/93/CE da União Europeia.

Uma vantagem importante do PAdES é que os documentos assinados eletronicamente podem permanecer válidos por longos períodos, mesmo que os algoritmos criptográficos subjacentes sejam quebrados.

O PAdES reconhece que os documentos assinados digitalmente podem ser utilizados ou arquivados durante muitos anos, ou mesmo décadas. Em qualquer altura no futuro, apesar dos avanços tecnológicos e outros, deve ser possível validar o documento para confirmar que a assinatura era válida no momento em que foi assinada - um conceito conhecido como Validação a Longo Prazo (LTV).

O PAdES complementa dois outros conceitos de assinatura eletrónica também desenvolvidos pelo comité ESI do ETSI, ambos amplamente reconhecidos na União Europeia e adequados a aplicações que não envolvem documentos legíveis por humanos: Assinaturas Electrónicas Avançadas de Sintaxe de Mensagem Criptográfica (CAdES) e Assinaturas Electrónicas Avançadas XML (XAdES).

Para documentos PDF, os dados da assinatura são incorporados diretamente no documento PDF assinado, permitindo que o ficheiro PDF completo e independente seja copiado, armazenado e distribuído como um simples ficheiro eletrónico. A assinatura pode também ter uma representação visual como um campo de formulário, tal como num documento em papel. Uma vantagem significativa do PAdES é que está a ser implementado através de software PDF amplamente disponível: não requer o desenvolvimento ou a personalização de software especializado.

Perfis avançados de assinatura eletrónica PDF-TS 102 778, aprovados em junho de 2009 e repartidos da seguinte forma

- Parte 1: Visão geral do PAdES - um documento-quadro para o PAdES
- Parte 2: Perfil básico do PAdES baseado na norma ISO 32000-1
- Parte 3: PAdES Enhanced - Perfis PAdES-BES e PAdES-EPES
- Parte 4: Perfil PAdES Longo Prazo-PAdES-LTV
- Parte 5: PAdES para conteúdos XML - Perfis para assinaturas XAdES de conteúdos XML em

ficheiros PDF

O PDF é uma norma internacional (ISO 32000-1) e é suportado por milhares de aplicações fornecidas por centenas de fornecedores. A Figura 9 mostra como o PAdES pode ser implementado num fluxo de trabalho típico: preenchimento, apresentação e processamento de um formulário de despesas. Um formulário em PDF é preenchido pelo funcionário e requer as assinaturas digitais do funcionário e do supervisor. Em seguida, é enviado à empresa através do seu sítio Web, onde os dados do formulário podem ser extraídos para um ficheiro XML e/ou enviados para a base de dados adequada para processamento e reembolso normais. Usando o LTV, uma etapa adicional de arquivamento de documentos também pode ser adicionada.

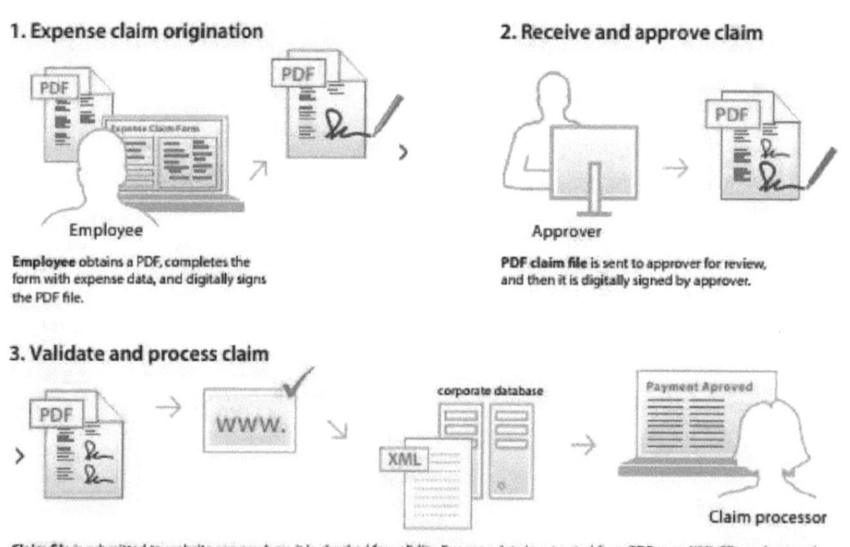

Figura 12. Exemplo de fluxo de trabalho de assinatura utilizando assinaturas digitais PAdES

Cades

O CAdES foi concebido em torno da Sintaxe de Mensagem Criptográfica (CMS),[9] um elemento básico para assinaturas digitais baseado em princípios normalizados de infra-estruturas de chaves públicas (PKI). O CAdES acrescenta à CMS uma infraestrutura para um conjunto de normas cada vez mais ambiciosas para assinaturas digitais que podem ser aplicadas a qualquer tipo de dados digitais. As capacidades básicas de assinatura são definidas pela CAdES-BES (Assinaturas Electrónicas Básicas) e pela CAdES-EPES (Assinaturas Electrónicas de Política Explícita).

Uma assinatura eletrónica baseada numa política explícita do CAdES (CAdES-EPES) alarga a definição de uma assinatura eletrónica para estar em conformidade com a política de assinatura identificada.

O CAdES-EPES incorpora um atributo assinado (sigPolicyID) que indica a política de assinatura que será utilizada para validar a assinatura eletrónica. Este atributo assinado é protegido pela assinatura. A assinatura pode também ter outros atributos assinados necessários para estar em conformidade com a política de assinatura obrigatória.

As formas mais avançadas de CAdES suportam LTV de assinaturas. O CAdES, enquanto tecnologia, foi incorporado em muitos produtos e está a ser utilizado na UE. Ainda não existe software omnipresente que utilize o CAdES, mas este tem sido fundamental em muitas aplicações especiais. Para os que desenvolvem aplicações que envolvem assinaturas electrónicas, o CAdES define o modo de funcionamento da sua componente de processamento de assinaturas, que utilizará a infraestrutura de assinaturas estabelecida, mas não define um modo normalizado de transporte da informação da assinatura no interior, em torno ou ao lado do próprio documento.

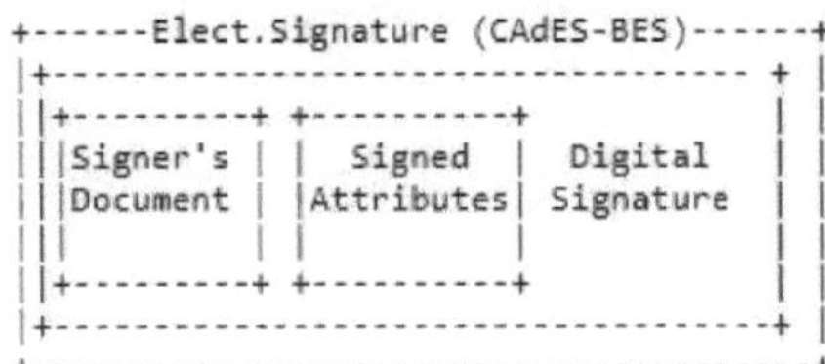

Figura 12. Ilustração de um CAdES-BES

Assinatura biométrica

A assinatura eletrónica pode também referir-se a formas electrónicas de processamento ou verificação da identidade através da utilização de "assinaturas" biométricas ou de qualidades de identificação biológica de um indivíduo. Essas assinaturas utilizam a abordagem de anexar uma medida biométrica, ou um hash dessa medida, a um documento como prova. Por exemplo, impressões digitais, geometria da mão (comprimento dos dedos e tamanho da palma), padrões da íris ou mesmo padrões da retina. Todos eles são recolhidos através de sensores electrónicos de algum tipo. Uma vez que cada uma destas caraterísticas físicas tem pretensões a ser única entre os seres humanos, cada uma delas é, em certa medida, útil como método de assinatura.

As medidas biométricas deste tipo são inúteis como palavras-passe, uma vez que não podem ser alteradas se forem comprometidas. No entanto, podem ser úteis como uma espécie de assinatura eletrónica - só que, até à data, têm sido tão facilmente falsificáveis que não permitem ter a certeza de que a pessoa que supostamente assinou um documento foi realmente a pessoa que o fez. Infelizmente,

Cada uma delas é facilmente falsificável através da reprodução do sinal eletrónico produzido e enviado ao sistema informático responsável pela "aposição" de uma assinatura num documento. As técnicas de escuta telefónica são frequentemente suficientes para o efeito. No caso particular das impressões digitais, um professor japonês e alguns alunos de pós-graduação conseguiram falsificar todos os leitores de impressões digitais disponíveis no mercado com um pouco de química de cozinha comum (gel de goma de ursinho) e um pouco de engenho. Não foram necessários dedos reais para conseguir falsificar todos os dispositivos de leitura.

CAPÍTULO 7

Métodos de interação com o utilizador

A assinatura eletrónica é um método de validação das assinaturas electrónicas que existem nas plataformas electrónicas. Para permitir que as pessoas assinem um documento eletrónico, os sistemas de gestão de documentos electrónicos fornecem interfaces de utilizador com diferentes abordagens. As assinaturas electrónicas avançadas requerem que cada utilizador tenha a sua própria chave de assinatura única. A segurança do sistema assenta então no facto de a chave de assinatura privada do utilizador não ser acessível a mais ninguém para além do proprietário. Se for corretamente implementada, permite que um juiz independente determine que qualquer assinatura eletrónica produzida com a chave privada do utilizador deve ter sido criada pelo proprietário e por mais ninguém - proporcionando assim a propriedade de "não-repúdio", em que os signatários não podem negar razoavelmente as assinaturas que criaram As assinaturas electrónicas são parte essencial do certificado do signatário e dos dados do documento.

Os certificados estão localizados principalmente em duas plataformas :

1. Sistemas de certificados baseados na nuvem

Os sistemas baseados na computação em nuvem funcionam com HSMs (Módulos de Segurança de Hardware), que são dispositivos físicos de computação que protegem e gerem chaves digitais para uma autenticação forte e fornecem criptoprocessamento. Os HSMs podem possuir controlos que fornecem provas de adulteração, como registos e alertas, e resistência à adulteração, como a eliminação de chaves em caso de deteção de adulteração[10]. Cada módulo contém um ou mais chips de criptoprocessador seguros para evitar adulterações e sondagens do barramento. Muitos sistemas HSM dispõem de meios para efetuar cópias de segurança das chaves que manipulam, quer de forma encapsulada, através do sistema operativo do computador, quer externamente, utilizando um smartcard ou outro token de segurança[11]. Dado que os HSM fazem frequentemente parte de uma infraestrutura de missão crítica, como uma infraestrutura de chave pública ou uma aplicação bancária em linha, os HSM podem normalmente ser agrupados em clusters para uma elevada disponibilidade. Alguns HSM dispõem de fontes de alimentação duplas e de componentes substituíveis no terreno, como ventoinhas de arrefecimento, para cumprir os requisitos de elevada disponibilidade dos ambientes de centros de dados e permitir a continuidade das actividades. Esta capacidade é útil, por exemplo, nos casos em que algoritmos especiais ou lógica comercial têm de ser executados num ambiente seguro e controlado. Os módulos podem ser desenvolvidos em linguagem C nativa, em .NET, Java ou noutras linguagens de programação. Devido ao papel fundamental que desempenham na segurança de aplicações e infra-estruturas, os HSMs e/ou os módulos criptográficos que utilizam são normalmente certificados de acordo com normas reconhecidas internacionalmente, como a Common Criteria ou a FIPS 140, para fornecer aos utilizadores uma garantia independente de que a conceção e a implementação do produto e os algoritmos criptográficos são sólidos. O nível mais elevado de certificação de segurança FIPS 140 que se pode obter é o Nível de Segurança 4 (Geral), para o qual muito poucos HSMs foram validados com êxito.

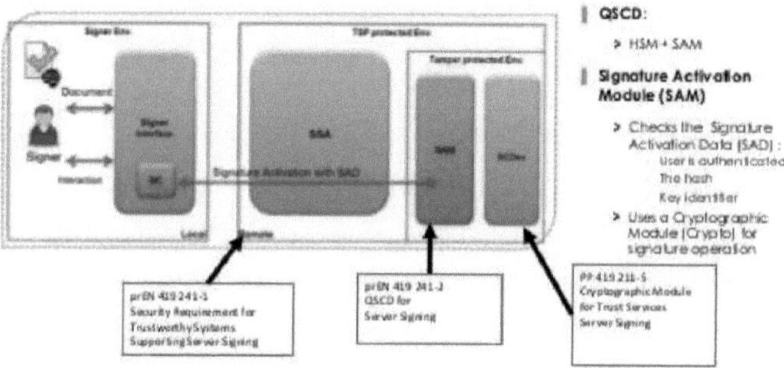

Figura 13. Arquitetura de assinatura na nuvem

Embora existam muitos exemplos de sistemas e-Trust que assentam em cartões inteligentes/tokens, nomeadamente cartões electrónicos de identificação (eID) emitidos por muitos governos, a utilização geral desses dispositivos tem sido limitada. Tal deve-se principalmente às seguintes razões:

- utilização complexa - no caso dos cartões inteligentes, o utilizador necessita de dispositivos de leitura especializados, que não estão geralmente disponíveis. A utilização destes dispositivos em telemóveis é ainda mais difícil.
- Esquecimento de fichas - muitas vezes os utilizadores esquecem-se de trazer as suas fichas quando necessário ou perdem-nas/deslocam-nas. Além disso, a utilização dessas fichas em áreas públicas é por vezes bloqueada ou não há leitores disponíveis.
- Custo de implantação - o custo de fornecer os dispositivos seguros (e os leitores) a cada utilizador final é frequentemente demasiado elevado para a maioria das aplicações

comerciais que envolvem um grande número de utilizadores.

- Problemas de compatibilidade dos navegadores - a utilização destes cartões inteligentes/fichas USB exige que as aplicações Web utilizem applets Java, e as versões mais recentes dos navegadores (por exemplo, o Google Chrome) estão a bloquear esta tecnologia devido a vários problemas de segurança. Mesmo nos casos em que o browser permite Java, as frequentes mensagens de aviso pop-up deixam os utilizadores não técnicos nervosos.

Para ultrapassar este problema, a indústria tem vindo a adotar, desde há algum tempo, chaves de assinatura armazenadas no servidor, ou seja, a chave de assinatura de cada utilizador é gerida num módulo de segurança de hardware (HSM) centralizado. A título de exemplo, os novos regulamentos eIDAS da UE permitem que as assinaturas qualificadas da UE sejam criadas utilizando chaves de assinatura armazenadas no servidor, desde que sejam geridas de forma segura. Da mesma forma, as assinaturas Adobe AATL também podem ser criadas utilizando chaves armazenadas no servidor.

Antes dos HSMs em nuvem, no entanto, a situação era bastante complexa se você quisesse implantar uma solução de assinatura no lado do servidor. Basicamente, era necessário adquirir um dispositivo HSM e instalar, configurar, aplicar patches e manter esses dispositivos de segurança. Assim, embora a complexidade dos dispositivos de assinatura smartcards/USB fosse ocultada da perspetiva dos utilizadores finais através da utilização de HSMs, os departamentos de TI continuavam a ter a complexidade de gerir estes dispositivos de segurança.

Atualmente, tanto as plataformas de nuvem Azure como Amazon oferecem HSMs na nuvem como parte do seu serviço. Isto significa que pode agora implementar uma solução avançada de assinatura digital utilizando chaves de assinatura de utilizador únicas com uma forte proteção baseada em hardware, a uma fração do custo e da complexidade em comparação com uma solução HSM no local, e ao mesmo tempo satisfazer as necessidades de esquemas de elevada confiança como o Adobe AATL e os regulamentos da UE.

As assinaturas digitais baseadas na nuvem que utilizam chaves de assinatura PKI individuais e únicas para cada utilizador têm muitas vantagens:

- Facilidade de utilização para os utilizadores finais: não são necessários leitores de cartões/token, software de secretária especializado a instalar ou ambiente de tempo de execução Java
- Capacidade de assinar a partir de qualquer lugar, a qualquer momento: evita a perda ou esquecimento de fichas
- Gestão fácil: não é necessário comprar, instalar, configurar, aplicar patches ou manter HSMs

no local

- Implementação imediata: emita chaves e comece a criar assinaturas digitais PKI avançadas em minutos
- Melhorar a proteção e a conformidade: utilizando chaves criptográficas fortes e únicas para cada utilizador protegido em HSMs FIPS 140-2 Nível 2
- Reduzir a latência e obter redundância global: os serviços HSM na nuvem são escalonados rapidamente para atender às necessidades de aplicativos comerciais de mais chaves durante demandas de pico sem as complexidades de HSMs dedicados no local. Também pode implementar redundância global utilizando HSMs na nuvem em vários centros de dados.
- Reduzir os custos: a utilização de HSMs na nuvem é drasticamente inferior a um HSM dedicado no local em termos de hardware - isto para não falar das despesas gerais de gestão administrativa

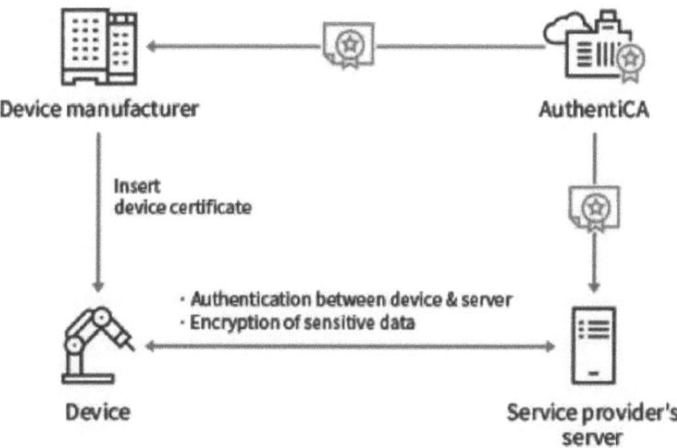

Figura 14. Autorização de certificado baseada na nuvem

2. Sistemas de certificados baseados em cartões inteligentes Usb

A segunda é nos dongles usb / cartões inteligentes usb em que cada pessoa tem o seu próprio cartão de certificado instalado. Os cartões inteligentes são cartões magnéticos ou com chip que preservam e protegem informações sensíveis (chaves privadas, certificados e outras) de forma mais segura do que um registo de ficheiros.

A maioria dos cartões inteligentes modernos tem um criptoprocessador e uma área de dados protegida que não pode ser copiada. De facto, apenas o criptoprocessador, que encripta e assina os dados, tem acesso à área protegida do cartão inteligente. É impossível extrair as informações protegidas do cartão inteligente, o que o torna excecionalmente fiável, uma vez que o acesso às chaves privadas do cartão só pode ocorrer se o cartão estiver fisicamente presente. Se o cartão for roubado, o seu proprietário pode informar a parte emissora para revogar o cartão. Ao utilizar o armazenamento de chaves do certificado PKCS#12, preservado num ficheiro (com uma extensão de ficheiro PFX), existe o risco de alguém copiar o ficheiro e obter acesso à sua palavra-passe. A palavra-passe pode ser roubada com um keylogger, cavalo de Troia, spyware ou outra ferramenta de hacking. Além disso, depois disso, também se pode extrair as chaves privadas sem o conhecimento do proprietário do armazenamento de chaves. Quando se utiliza um cartão inteligente com um criptoprocessador, não é possível extrair e copiar as chaves privadas devido a restrições de hardware. A única possibilidade é se o cartão for fisicamente roubado. No entanto, o risco de isto acontecer é muito menor em comparação com o risco de o ficheiro do certificado ser copiado.

Como já foi referido, os cartões inteligentes têm o seu próprio criptoprocessador, o seu próprio sistema operativo, memória protegida e o seu próprio sistema de ficheiros. O acesso aos mesmos é efectuado a diferentes níveis com diferentes protocolos. A norma ISO 7816 especifica os principais componentes dos cartões inteligentes e descreve o acesso de baixo nível aos mesmos. Para o acesso de nível superior aos cartões inteligentes, é utilizada a norma PKCS#11. Esta norma define a interface de aplicação para interação com os dispositivos criptográficos (tokens criptográficos) - por exemplo, cartões inteligentes, aceleradores criptográficos de hardware e outros.

O software que é fornecido juntamente com o cartão inteligente contém normalmente uma implementação da norma PKCS#11 para o cartão inteligente e leitor de cartões específicos. A implementação é normalmente uma biblioteca (ficheiro .dll no Windows ou .so no Linux e UNIX) que pode ser carregada dinamicamente e pode ser utilizada por todas as aplicações instaladas localmente.

Por exemplo, se for utilizado um cartão inteligente Utimaco Safeware compatível com a norma ISO 7816, a implementação PKCS#11 para este cartão está contida no pacote de software "Utimaco SafeGuard Smartcard Provider", que é fornecido juntamente com o cartão. Para este artigo, pode assumir que completou uma instalação deste software no Microsoft Windows . No Windows, a biblioteca que implementa o PKCS #11 será vista como o ficheiro

C:WINDOWS\system32\pkcs201n.dll.

A norma PKCS#11 não permite a extração física das chaves privadas do cartão inteligente, mas é possível utilizar estas chaves para encriptar, desencriptar ou assinar dados. Naturalmente, para que tal operação seja realizada, o utilizador deve introduzir previamente o código PIN; isto protege o acesso ao cartão inteligente.

O padrão PKCS#11 fornece uma interface para aceder às chaves protegidas e aos keystores de certificados, localizados no cartão inteligente. Por este motivo, os cartões inteligentes podem ser utilizados de uma forma muito semelhante à utilização dos registos de chaves PKCS#12. No entanto, um cartão inteligente compatível com PKCS#11 tem muito mais capacidade do que os keystores PKCS#12. Aceder a chaves protegidas e a repositórios de chaves de certificados a partir de um smart card utilizando PKCS#11 é muito semelhante a aceder a informações de ficheiros de repositório de chaves PKCS#12. No entanto, os cartões inteligentes têm muito mais capacidade do que os keystores PKCS#12; por exemplo, a funcionalidade integrada de encriptação e assinatura.

Os utilizadores têm de utilizar os seus cartões inteligentes de assinatura eletrónica para poderem assinar um documento. Para utilizar os dados do certificado e assinar os dados do documento, o código do sistema de gestão de documentos deve poder aceder ao dongle USB. Isto significa que o código dos sistemas de gestão de documentos tem de ter acesso ao hardware em que o dongle usb está ligado.

A maior parte da estrutura dos sistemas de gestão de documentos assenta em aplicações Web baseadas no cliente-servidor. As aplicações baseadas na Web ajudam o utilizador a aceder aos sistemas com qualquer tipo de computador (de secretária, portátil, móvel, tablet...) e têm uma interface fácil de utilizar e desenvolver. As aplicações baseadas na Web são acessíveis e permitem uma grande interação com o utilizador. Os utilizadores recebem e enviam dados através de um navegador Web que tem acesso restrito ao hardware do computador. É por isso que existem alguns métodos desenvolvidos para resolver este problema. O principal objetivo destes métodos é aceder ao dongle usb e, com os dados do certificado, assinar o documento.

Para aceder ao certificado, o software precisa, em primeiro lugar, de aceder aos terminais de cartões e aceder à ranhura e ao tipo de cartão. Consoante o tipo de cartão, o software utiliza métodos diferentes para aceder aos certificados que se encontram no cartão. Um cartão pode ter apenas um certificado ou vários certificados. Neste ponto, se houver vários cartões ou vários certificados, o software deve permitir que o utilizador escolha um dos certificados para continuar. Depois de escolher o certificado para criar uma sessão, o utilizador tem de introduzir a palavra-passe que está relacionada com o certificado. Se a palavra-passe estiver correta, a sessão é criada e o software pode assinar o documento. Se a palavra-passe for introduzida incorretamente três vezes seguidas, o certificado é bloqueado.

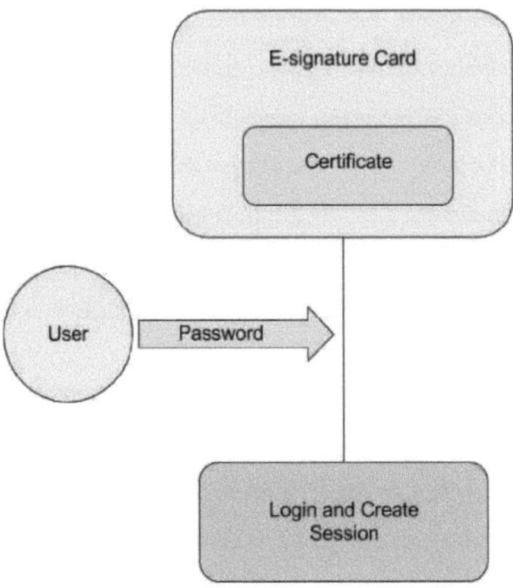

Figura - 13 Software que acede ao certificado e cria uma sessão

Os softwares de sistemas de gestão de documentos baseados na Web têm dois métodos principais para aceder ao disco rígido usb e obter o certificado a partir do dongle usb. O primeiro são as applets java que têm acesso ao disco rígido através de java, o segundo são as aplicações nativas.

1.1. Aplicação nativa

As aplicações nativas podem aceder facilmente ao disco rígido USB e obter o certificado no mesmo. O principal problema das aplicações nativas é a manutenção da aplicação. Cada cliente tem de descarregar e instalar a aplicação nos seus dispositivos. Com cada alteração efectuada na aplicação de assinatura nativa, cada cliente tem de descarregar novamente a nova versão e instalá-la para assinar os documentos. Além disso, no processo de criação da aplicação nativa, os programadores têm de ter em conta os diferentes sistemas operativos (Windows, Linux, Macos) e construir versões para todos eles. Para contornar este problema, os programadores desenvolvem aplicações nativas para plataformas que funcionam em todos os sistemas operativos, como o Java. Java corre em qualquer sistema operativo e uma aplicação desenvolvida com java corre em todos os sistemas operativos em que java está instalado. A plataforma Java cria uma outra camada sobre o sistema operativo, pelo que permite que os programadores considerem apenas a plataforma Java. Mas, com esta escolha, é necessário que o Java seja instalado nestes dispositivos. O próprio Java é um software, pelo que tem diferentes versões. Os programadores têm de ter em conta as diferentes versões para desenvolver as suas aplicações.

1.2. Aplicações Java Applet

Um **applet Java** é uma pequena aplicação que é escrita na linguagem de programação Java, ou noutra linguagem de programação que compila para bytecode Java, e entregue aos utilizadores sob a forma de bytecode Java. O utilizador lança o applet Java a partir de uma página Web e o applet é então executado numa máquina virtual Java (JVM) num processo separado do próprio navegador Web. Um applet Java pode aparecer numa moldura da página Web, numa nova janela de aplicação, no AppletViewer da Sun ou numa ferramenta autónoma para testar applets. As applets Java foram introduzidas na primeira versão da linguagem Java, que foi lançada em 1995.

As applets Java são normalmente escritas em Java, mas também podem ser utilizadas outras linguagens como Jython, JRuby, Pascal, Scala ou Eiffel (através do SmartEiffel).

Os applets Java são executados a velocidades muito rápidas e, até 2011, eram muitas vezes mais rápidos do que o JavaScript. Ao contrário do JavaScript, as applets Java tinham acesso à aceleração de hardware 3D, o que as tornava adequadas para visualizações não triviais e de computação intensiva. Como os navegadores ganharam suporte para gráficos acelerados por hardware graças à tecnologia canvas (ou especificamente WebGL no caso de gráficos 3D), bem como JavaScript compilado just-in-time, a diferença de velocidade tornou-se menos percetível.

Uma vez que o bytecode Java é multiplataforma (ou independente da plataforma), as applets Java podem ser executadas por browsers (ou outros clientes) de muitas plataformas, incluindo Microsoft Windows, FreeBSD, Unix, macOS e Linux.

Os applets Java são executados numa *sandbox* pela maioria dos navegadores Web, impedindo-os de aceder a dados locais como a área de transferência ou o sistema de ficheiros. O código da miniaplicação é descarregado de um servidor Web, após o que o navegador incorpora a miniaplicação numa página Web ou abre uma nova janela que mostra a interface de utilizador da miniaplicação.

Um applet Java estende a classe java.applet.Applet, ou no caso de um applet Swing, javax.swing.JApplet. A classe que deve substituir os métodos da classe applet para criar uma interface de utilizador dentro de si (Applet) é descendente de Panel, que é descendente de Container. Uma vez que o applet herda do contentor, tem praticamente as mesmas possibilidades de interface de utilizador que uma aplicação Java normal, incluindo regiões com visualização específica do utilizador.

As primeiras implementações envolviam o descarregamento de um applet classe por classe. Embora as classes sejam ficheiros pequenos, existem frequentemente muitos deles, pelo que os applets ganharam a reputação de serem componentes de carregamento lento. No entanto, desde que os .jars foram introduzidos, um applet é normalmente entregue como um único ficheiro que tem um tamanho semelhante a um ficheiro de imagem (centenas de kilobytes a vários megabytes).

O domínio a partir do qual o executável da applet foi descarregado é o único domínio com o qual a applet normal (não assinada) está autorizada a comunicar. Este domínio pode ser diferente do domínio onde está alojado o documento HTML circundante.

As bibliotecas do sistema Java e os tempos de execução são compatíveis com as versões anteriores, permitindo escrever código que funciona tanto nas versões actuais como nas futuras da máquina virtual Java.

O applet pode ser apresentado na página Web utilizando o elemento HTML applet obsoleto, ou o elemento objecte recomendado. O elemento embed pode ser utilizado com os browsers da família Mozilla (o embed foi preterido no HTML 4 mas está incluído no HTML 5). Este elemento especifica a fonte e a localização da applet. As etiquetas object e embed também podem descarregar e instalar a máquina virtual Java (se necessário) ou, pelo menos, conduzir à página do plug-in. As etiquetas applet e object também suportam o carregamento das applets serializadas que começam num determinado estado (em vez de inicial). As etiquetas também especificam a mensagem que aparece no lugar do applet se o navegador não puder executá-lo por qualquer motivo.

No entanto, apesar de object ser oficialmente uma tag recomendada, a partir de 2010, o suporte da tag object ainda não era consistente entre os navegadores e a Sun continuava a recomendar a tag applet mais antiga para implantação em ambientes com vários navegadores, pois continuava a ser a única tag consistentemente suportada pelos navegadores mais populares. Para suportar vários browsers, a etiqueta de objeto requer atualmente JavaScript (que reconhece o browser e ajusta a etiqueta), a utilização de etiquetas adicionais específicas do browser ou o fornecimento de resultados adaptados do lado do servidor. A depreciação da applet tag foi criticada. A Oracle fornece agora um código JavaScript atualizado para lançar applets com soluções alternativas para várias plataformas.

O plug-in do navegador Java baseia-se na NPAPI, que muitos fornecedores de navegadores Web estão a descontinuar devido à sua idade e a problemas de segurança. Em janeiro de 2016, a Oracle anunciou que o Java runtime

Os ambientes baseados no JDK 9 irão descontinuar o plug-in do browser.

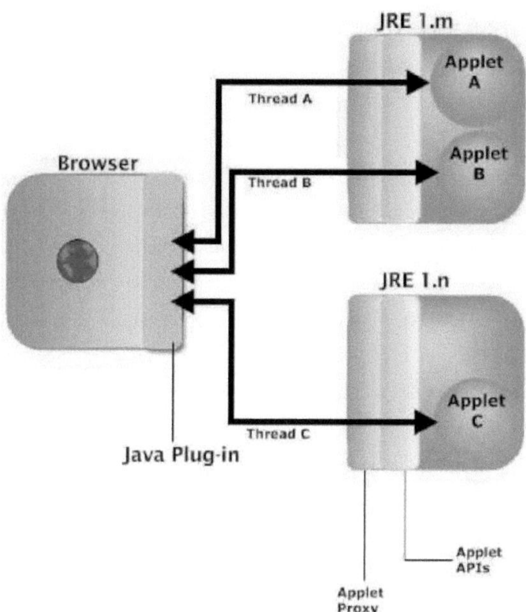

Figura 14. Arquitetura da Applet Java

A parte importante das applets java sobre a assinatura eletrónica é que a aplicação pode aceder ao hardware, ao sistema de ficheiros e obter o certificado no smartcard usb. Mas nem todos os códigos java applet têm acesso ao hardware. Uma aplicação applet java para aceder ao sistema de ficheiros e ao hardware tem de ser assinada. As aplicações applet não assinadas não têm acesso ao sistema de ficheiros local e o acesso à Web limita-se ao sítio de descarregamento da applet; existem ainda muitas outras restrições importantes. Por exemplo, não podem aceder a todas as propriedades do sistema, utilizar o seu próprio carregador de classes, chamar código nativo, executar comandos externos num sistema local ou redefinir classes pertencentes a pacotes principais incluídos como parte de uma versão Java. Embora possam ser executados num quadro autónomo, esse quadro contém um cabeçalho, indicando que se trata de um applet não fiável. A chamada inicial bem sucedida do método proibido não cria automaticamente uma falha de segurança, uma vez que um controlador de acesso verifica toda a pilha do código de chamada para se certificar de que a chamada não provém de uma localização inadequada.

Um applet assinado contém uma assinatura que o browser deve verificar através de um servidor de autoridade de certificação independente e em execução remota. A produção desta assinatura envolve ferramentas especializadas e interação com os mantenedores do servidor de autoridade. Quando a assinatura é verificada e o utilizador da máquina atual também a aprova, um applet assinado pode obter mais direitos, tornando-se equivalente a um programa autónomo normal. A lógica é que o autor do applet agora é conhecido e

Esta abordagem permite que as applets sejam utilizadas para muitas tarefas que, de outra forma, não seriam possíveis através de scripts do lado do cliente. No entanto, esta abordagem exige mais responsabilidade do utilizador, que decide em quem confia. As preocupações relacionadas incluem um servidor de autoridade que não responde, uma avaliação errada da identidade do signatário ao emitir certificados e o facto de os editores de applets conhecidos continuarem a fazer algo que o utilizador não aprovaria. As miniaplicações auto-assinadas podem potencialmente representar um risco de segurança; os plugins java fornecem um aviso ao solicitar autorização para uma miniaplicação auto-assinada, uma vez que a função e a segurança da miniaplicação são garantidas apenas pelo próprio programador e não foram confirmadas de forma independente. Tais certificados auto-assinados são normalmente utilizados apenas durante o desenvolvimento antes do lançamento, onde a confirmação de segurança por terceiros não é importante, mas a maioria dos programadores de applets procurará a assinatura de terceiros para garantir que os utilizadores confiam na segurança do applet.

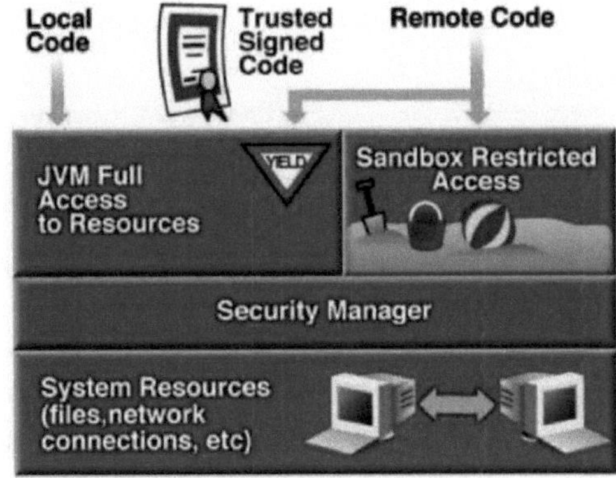

Figura 15. Diferenças entre aplicações Java com sinal e sem sinal

O software do sistema de gestão de documentos funciona com o applet java para assinar o documento. O utilizador acede à página Web relevante para assinar o documento. O código Javascript executa a applet java e o utilizador vê a interface da applet java no browser. Neste ponto, o programa de navegação utilizado para aceder aos sítios Web é importante, porque alguns programas de navegação não permitem a execução de applets Java e outras aplicações NPAPI. Se o utilizador tiver um programa de navegação que não suporta applets java, o software tem de apresentar outra solução ao utilizador, como uma aplicação nativa que este possa descarregar e utilizar no seu computador. Se o utilizador puder executar a aplicação java applet, a aplicação será executada e tentará aceder ao smartcard usb. Se o smartcard usb for acessível, para obter o certificado qualificado e criar a sessão, pede ao utilizador a sua palavra-passe. Se a palavra-passe for escolhida com êxito, será criada uma sessão e será acedido o certificado necessário para assinar o documento. A aplicação comunica com o servidor e obtém o documento em causa e, com o certificado, inicia o processo de assinatura. Até o processo de assinatura eletrónica estar concluído, o smartcard USB deve ser mantido ligado ao computador do cliente. Depois de terminado o processo de assinatura, a applet inicia o processo de validação para verificar se o documento criado é válido. Uma vez terminado o processo de validação, a aplicação envia o documento para o servidor e o sistema de gestão documental guarda o documento assinado e a aplicação fecha.

Assinatura eletrónica móvel (mSign)

O termo apareceu pela primeira vez em artigos que apresentavam o mSign (abreviatura de Mobile Electronic Signature Consortium). Foi fundado em 1999 e contava com 35 empresas associadas. Em outubro de 2000, o consórcio publicou uma interface XML que define um protocolo que permite aos fornecedores de serviços obter uma assinatura móvel (digital) de um assinante de telemóvel.

Em 2001, o mSign ganhou cobertura em toda a indústria quando se tornou evidente que a Brokat (uma das empresas fundadoras) também obteve uma patente de processo na Alemanha para utilizar o telemóvel para gerar assinaturas digitais.

De acordo com as diretivas da UE relativas às assinaturas electrónicas [12], a assinatura móvel pode ter o mesmo nível de proteção que a assinatura manuscrita se todos os componentes da cadeia de criação da assinatura estiverem devidamente certificados. A norma que rege os dispositivos de criação de assinaturas móveis e o equivalente de uma assinatura manuscrita é descrita na Decisão 2003/511/CE da Comissão, de 14 de julho de 2003, relativa à publicação dos números de referência das normas geralmente reconhecidas para produtos de assinatura eletrónica, em conformidade com a Diretiva 1999/93/CE do Parlamento Europeu e do Conselho, Jornal Oficial L 175 de 15.7.2003[13]. A norma atual data de 2002/2003 e está a ser renovada e publicada até ao final de 2012[14]. A maioria, se não todas, as implementações de assinaturas móveis até à data geram o que a diretiva da UE designa por assinatura eletrónica avançada.

As soluções de assinatura móvel mais bem sucedidas encontram-se na Turquia, Lituânia, Estónia e Finlândia, com milhões de utilizadores.

Tecnicamente, a assinatura móvel é criada por um módulo de segurança quando um pedido de assinatura chega ao dispositivo (cartão SIM) e, depois de apresentar o pedido ao utilizador com algumas explicações, o dispositivo pede um código secreto que só o utilizador correto deve saber. Normalmente, este código tem a forma de um PIN. Se o segredo de controlo de acesso for introduzido corretamente, o dispositivo é aprovado com acesso a dados secretos que contêm, por exemplo, uma chave privada RSA, que é depois utilizada para efetuar a assinatura ou outras operações pretendidas pelo pedido.

O sistema PKI associa a contrapartida da chave pública da chave secreta mantida no dispositivo seguro a um conjunto de atributos contidos numa estrutura denominada certificado digital. A escolha dos detalhes do procedimento de registo durante a definição dos atributos incluídos neste certificado digital pode ser utilizada para produzir diferentes níveis de garantia de identidade. Desde a identidade anónima, mas específica, até à identidade por palavras reais de alto nível. Ao efetuar uma assinatura, o proprietário do dispositivo seguro pode reivindicar essa identidade.

Assim, a assinatura móvel é uma caraterística única para:

- Provar a sua identidade real a terceiros sem comunicações diretas
- Assumir um compromisso juridicamente vinculativo através do envio de uma mensagem confirmada a outra parte
- Resolver os problemas de segurança do mundo em linha com a confirmação da identidade (uma identidade anónima mas específica é muitas vezes tão boa como uma identidade de alto nível)

Quando um utilizador móvel cria o seu sPIN (Signing PIN) e a chave secreta online dentro do cartão SIM seguro durante o processo de registo, isto é conhecido como "On Board Key Generation", o que requer um pouco mais de interação por parte do utilizador durante o registo, mas, por outro lado, torna o processo de interação do modo de segurança familiar e permite-lhe praticar a utilização do serviço. Além disso, quando o utilizador se esquece/bloqueia o PIN associado à chave gerada, é simples gerar uma nova chave e atribuir-lhe um novo sPIN, destruindo as versões anteriores através do mesmo processo do registo original e, o que é mais importante, sem necessidade de substituir o cartão SIM. Nestes sistemas, normalmente não existe qualquer código de desbloqueio do PIN de assinatura secundária (sPUK), porque a revelação de tal código tem requisitos idênticos para a verificação da identidade da pessoa requerente, tal como acontecia com o registo da identidade da pessoa original.

Compare isto com o modelo mais antigo de "chaves geradas na fábrica" para cartões SIM de tecnologia mais antiga que não tinham capacidade de processamento suficiente para efetuar a "geração de chaves a bordo". A fábrica do cartão SIM executava a geração de chaves com um acelerador de hardware especial e armazenava o material da chave no cartão juntamente com os códigos sPIN e sPUK iniciais. Por vezes, a geração efectiva ocorria dentro do cartão SIM que estava a funcionar em modo de fabrico especial. Após a geração, a capacidade de o fazer era normalmente desactivada através da queima de um fusível de controlo especial. A entrega, em particular, dos códigos sPUK cria problemas consideráveis de logística das informações de segurança, que podem ser totalmente evitados com a utilização da "geração de chaves a bordo".

A Turkcell foi o primeiro fornecedor a lançar um serviço de assinatura móvel com a funcionalidade "On Board Key Generation", que permite aos clientes criar o seu par de chaves de assinatura e validação, depois de receberem o cartão SIM. Desta forma, os operadores GSM não precisam de distribuir PINs de assinatura aos clientes. Os clientes podem criar o seu sPIN de novo, por si próprios.

A experiência real mostrou que os registos que não o utilizavam não funcionavam facilmente, sem qualquer indicação em linha do seu estado, ao passo que a utilização da "On Board Key Generation" resultava sempre numa indicação positiva de sucesso quando o serviço se tornava totalmente funcional para o utilizador. Além disso, se uma versão para telemóvel tivesse problemas com o protocolo do kit de ferramentas de aplicação SIM, isso era imediatamente evidente durante um processo de registo com a "geração de chaves a bordo".

Existem diferentes formas de classificar as soluções de assinatura eletrónica para dispositivos móveis. Podemos classificá-las de acordo com vários critérios, tais como plataformas de assinatura, tecnologias, normas e funcionalidades suportadas. Assim, do ponto de vista das plataformas de assinatura utilizadas para realizar processos de assinatura eletrónica em dispositivos móveis, podemos classificá-las em quatro grupos principais. O primeiro grupo envolve soluções de assinatura eletrónica baseadas no cartão SIM . Todas estas soluções têm a caraterística comum de realizar o processo de assinatura dentro do cartão SIM do dispositivo móvel, através do seu próprio processador criptográfico. O segundo grupo inclui todas as soluções baseadas em aparelhos portáteis. O terceiro grupo abrange as soluções híbridas entre os dois grupos anteriores. Por conseguinte, este tipo de soluções requer a colaboração entre o cartão SIM e os dispositivos móveis para a realização das diferentes tarefas do processo de assinatura eletrónica. O último grupo centra-se em alguns serviços de alto nível que são independentes da tecnologia de assinatura específica do dispositivo móvel, do ponto de vista do fornecedor da aplicação.

Cartão SIM

Atualmente, os cartões SIM são cartões multi-aplicação, nos quais funcionam simultaneamente diferentes serviços, e o ponto central das comunicações móveis. Cada uma destas aplicações tem a sua própria funcionalidade e algumas delas oferecem suporte para assinatura eletrónica. Um cartão SIM tem normalmente dois tipos diferentes de memória. Na memória ROM encontra-se a camada física que inclui o sistema operativo do cartão SIM, a gestão da memória e a interface de entrada/saída. Em seguida, na parte superior, encontra-se a máquina virtual JavaCard que interpreta as aplicações, o gestor do cartão que gere o ciclo de vida de cada aplicação, o SIM Toolkit Security que acrescenta cabeçalhos de segurança às mensagens curtas e diferentes API para os programadores. Nesta zona de memória, pode também ver a aplicação GSM que é carimbada pelo fabricante e não pode ser removida do cartão SIM. Na memória EEPROM encontram-se as diferentes aplicações. Esta zona de memória pode ser modificada durante o ciclo de vida do cartão SIM pelo gestor do cartão. A aplicação GSM controla a comunicação através das redes GSM e armazena os ficheiros GSM na memória EEPROM. Estes ficheiros contêm as chaves GSM, o livro de endereços, as mensagens curtas, etc. As applets USAT são aplicações desenvolvidas com a tecnologia SIM Application Toolkit, como o intérprete USAT. A aplicação WIM permite a possibilidade de efetuar operações criptográficas no interior do cartão SIM. Nesta secção, vamos descrever e analisar estas diferentes tecnologias que facilitam a realização de processos de assinatura eletrónica numa aplicação de cartão SIM.

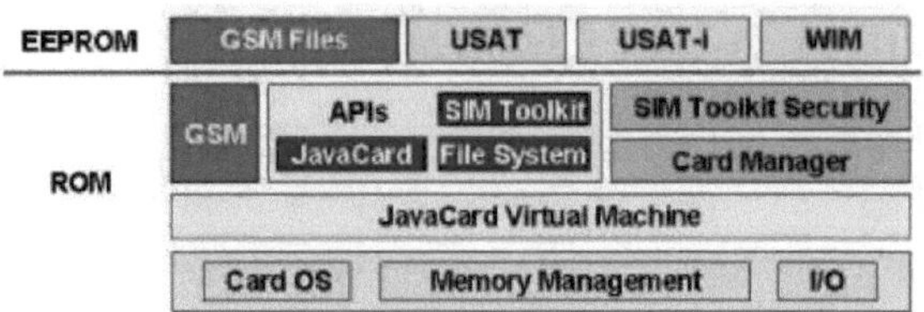

Figura 16. Arquitetura do cartão SIM multi-aplicações

SMS

O Short Message Service (SMS) é um serviço disponível na maioria dos dispositivos móveis digitais que permite o envio de mensagens de texto (até 140 bytes) entre diferentes aplicações e utilizadores. Este serviço define a possibilidade de autenticar e cifrar a comunicação através da utilização de pacotes de segurança. Estes pacotes são cabeçalhos especiais, denominados "cabeçalho de segurança", que são anexados aos dados da aplicação ou do utilizador. A aplicação de envio prepara os dados e reencaminha-os para a entidade de envio do cartão SIM, que acrescenta o cabeçalho aos dados, empacota-os e envia-os como um SMS para outro dispositivo móvel. A entidade recetora do cartão SIM de destino recebe o SMS e descompacta-o de acordo com os parâmetros de segurança indicados no cabeçalho de segurança. Do ponto de vista da assinatura eletrónica, o cabeçalho de segurança contém três elementos importantes: o Indicador de Parâmetro de Segurança (SPI), o Identificador de Chave (KID) e a Assinatura Digital (DS). O SPI codifica o tipo de operação criptográfica em dois bytes, o KID assinala a chave e o algoritmo utilizados num byte e o DS contém a assinatura eletrónica dos dados num número variável de bytes. Os primeiros quatro bits do byte KID codificam o algoritmo de assinatura digital entre as opções DES e triple-DES. Assim, a assinatura eletrónica nos dispositivos móveis baseia-se na utilização de Códigos de Autenticação de Mensagens (MAC). Os últimos quatro bits do byte KID indicam a chave utilizada no processo de assinatura digital. O número de chaves depende da implementação do fabricante. Este mecanismo foi a primeira abordagem para fornecer assinatura eletrónica através das especificações dos cartões SIM, mas tem várias desvantagens importantes. A primeira é que apenas suporta criptografia simétrica para realizar processos de assinatura eletrónica. Outro problema importante é a dependência do fabricante do cartão para a criação e o carimbo das chaves simétricas. Além disso, este mecanismo não pode realizar uma "assinatura avançada" ou uma "assinatura qualificada" [15] de um ponto de vista jurídico, uma vez que não estamos a utilizar chaves criptográficas que estão sob o controlo exclusivo do utilizador final. Por último, o SMS tem uma largura de banda muito reduzida, que apenas permite o envio de pequenos fragmentos de texto numa mensagem. Esta desvantagem é ultrapassada pelo Serviço de Mensagens Multimédia (MMS), que permite o transporte de assinaturas electrónicas, bem como dos seus certificados, dentro da sua carga útil maior, através de uma ligação GPRS ou UMTS. Outra diferença importante do MMS é o facto de não ser suportado do ponto de vista do cartão SIM, mas sim a partir do computador de mão.

SAT - USAT

A tecnologia SIM Application Toolkit (SAT) define um conjunto completo de comandos e eventos entre um telemóvel GSM e um cartão SIM 2G. Esta interface de comunicação facilita o desenvolvimento de novos serviços baseados em cartões SIM, que são independentes dos dispositivos móveis ou dos fabricantes de cartões. Estas aplicações, que estão alocadas em cartões SIM, são capazes de mostrar diferentes itens de menu no ecrã do dispositivo portátil para interagir com o utilizador, e podem iniciar processos de comunicação através do dispositivo, como o estabelecimento de uma chamada telefónica ou o envio de uma mensagem curta. Como se pode ver na figura abaixo, estes serviços trocam dados com a rede GSM através do Serviço de Mensagens Curtas. Esta figura mostra um cenário comum de um evento de entrada para o cartão SIM e uma resposta proactiva do cartão para o dispositivo portátil. Atualmente, a tecnologia SAT estende-se a uma grande quantidade de dispositivos móveis, tendo evoluído para o Universal SIM Application Toolkit (USAT) [1], na tecnologia de terceira geração de telemóveis, com princípios e conceitos semelhantes aos da versão anterior. A principal melhoria do USAT em relação à tecnologia SAT é a possibilidade de abrir ligações HTTP com dispositivos IP a partir de um comando proactivo.

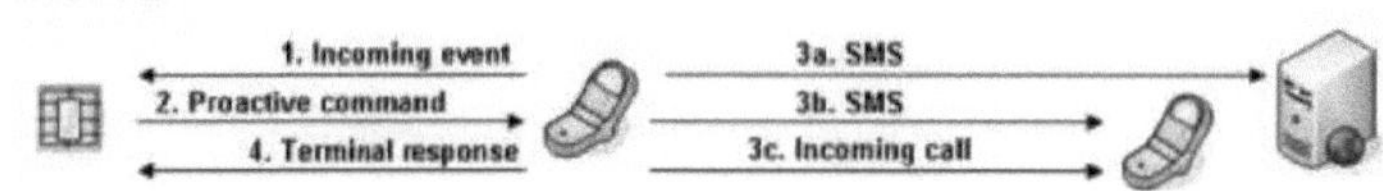

Figura 17. Modelo de comunicação SAT

Uma aplicação do kit de ferramentas SIM é normalmente uma applet JavaCard. A tecnologia JavaCard representou um avanço importante no domínio do desenvolvimento de aplicações baseadas em cartões SIM. Entre as suas vantagens mais importantes contam-se: o ambiente de execução seguro para as aplicações, a possibilidade de implantar diferentes applets no mesmo cartão e a utilização da linguagem de programação Java como linguagem de alto nível para desenvolver aplicações para cartões inteligentes. Esta linguagem tem duas API específicas, a API JavaCard e a API SIM Toolkit. A API JavaCard possui um conjunto de diferentes classes e métodos que realizam os processos de geração de pares de chaves (assimétricas e simétricas) e de assinatura eletrónica, através das capacidades criptográficas do cartão SIM. Estas applets podem ser gravadas no cartão na fase de fabrico, ou descarregadas e instaladas dinamicamente através de um servidor "Over The Air" (OTA) durante o ciclo de vida do cartão. Existem diferentes iniciativas para a normalização dos processos OTA, como a Visa Open Platform e a OpenCard Platform. Esta solução apresenta algumas desvantagens. A primeira envolve o descarregamento de applets através de um servidor OTA, o que é um processo pesado e implica a fragmentação da applet em várias mensagens curtas interligadas. O processo de instalação das applets é também uma tarefa sensível que envolve riscos de segurança e problemas de desempenho. Outro problema importante é a lentidão da geração de chaves e do processo de assinatura que uma applet do SIM Toolkit executa, causando uma má experiência para o utilizador final. Finalmente, as assinaturas geradas não podem ser "assinaturas qualificadas", porque as chaves assimétricas não têm proteção especial de hardware no cartão SIM e podem ser adulteradas sem qualquer vestígio visível. Os únicos mecanismos disponíveis para proteger as chaves neste tipo de applets baseiam-se em técnicas de software. Por conseguinte, um dispositivo móvel que utilize a tecnologia SAT para realizar um processo de assinatura eletrónica não pode ser considerado um dispositivo seguro de criação de assinaturas (SSCD).

WIM

O módulo de identidade sem fios (WIM) [16] é uma especificação de segurança que define o modo de armazenar e gerir credenciais criptográficas (chaves simétricas e assimétricas, certificados do utilizador e de terceiros de confiança e objectos de autenticação como os números de identificação pessoal). Define também a forma de realizar processos de assinatura eletrónica num cartão SIM inviolável. Um módulo inviolável é um dispositivo que possui uma determinada proteção física de hardware para inviabilizar a extração das informações contidas no módulo. A norma WIM baseia-se no PKCS#15, que permite um formato de informação flexível num token criptográfico. O WIM é definido como uma aplicação de cartão inteligente independente, tal como as applets GSM ou SAT. Por conseguinte, pode ser utilizado para efetuar operações criptográficas a partir de diferentes protocolos do computador de mão, como o TLS ou o S/MIME, e de diferentes aplicações do cartão SIM, como as miniaplicações SAT exclusivas ou o USAT-i.

USAT-i

O Universal SIM Application Toolkit - Interpreter (USAT-i) é uma nova aplicação SAT dos cartões SIM 3G. Esta tecnologia acompanha as outras aplicações padrão dos cartões SIM 3G, como as applets GSM, USAT ou WIM. A aplicação USAT-i é um interpretador de byte-codes que funciona como um pequeno navegador dentro do cartão SIM. O navegador USAT-i recebe estes byte-codes dentro de mensagens curtas ligadas, processa-os e finalmente elimina-os. Esta tecnologia é suportada por uma infraestrutura de rede (figura 3) com dois elementos principais, um servidor de aplicações e um gateway. O servidor de aplicações aloja páginas escritas num subconjunto de Wireless Mark-up Language (WML) [16] que pode conter etiquetas para definir uma interface de utilizador ou uma chamada para comandos SAT. A porta de ligação empacota e transforma estas páginas até obter byte-codes, que são normalmente enviados para a aplicação USAT-i do cartão SIM portátil através de mensagens curtas ligadas. Estes byte-codes são optimizados para uma largura de banda reduzida e estão prontos para serem interpretados dentro da aplicação USAT-i. As mensagens curtas não são a única forma de comunicação entre a porta de ligação e os cartões SIM. As redes 3G oferecem outros protocolos como HTTP ou TCP/IP, mas a sua disponibilidade depende da infraestrutura do operador de rede. Atualmente, o SMS é o protocolo de transporte mais alargado. O 3GPP define que o navegador USAT-i de um cartão SIM pode ser alargado por cada fabricante através de plugins. Um plug-in USAT-i é uma applet JavaCard que implementa uma interface partilhável e é instalada no cartão SIM na fase de fabrico, permitindo que o navegador USAT-i invoque os comandos do plug-in. Quando um fabricante suporta plug-ins para o programa de navegação USAT-i de um cartão SIM/WIM, oferece normalmente plug-ins PKI. Estes plug-ins especiais são capazes de trabalhar com a aplicação WIM do cartão para efetuar processos criptográficos. Os principais plug-ins PKI são o plug-in de desencriptação assimétrica (AD) para desencriptação assimétrica, o plug-in PKCS#7 (P7) para assinatura assimétrica de texto simples com a interface What-You-See-Is-What-You-Sign (WYSIWYS) e o plug-in de impressão digital (FP) para assinatura assimétrica de uma matriz de bytes em formato PKCS#1. Estes dois últimos plug-ins fornecem um mecanismo viável para realizar processos de assinatura eletrónica a partir do navegador USAT-i dentro de um cartão SIM/WIM.

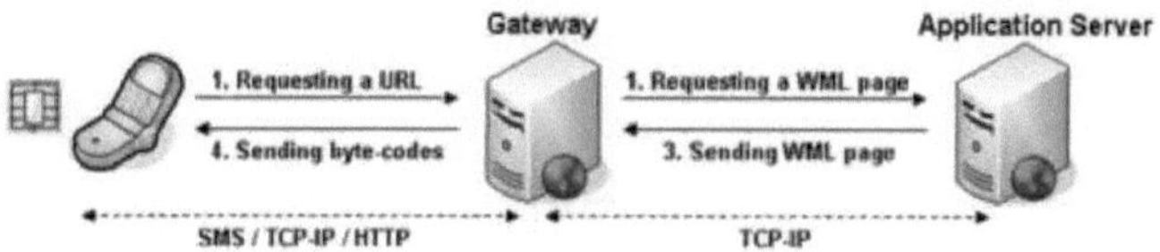

Figura 18: Infraestrutura USAT-i

Atualmente, existem duas implementações principais da tecnologia USAT-i, o S@T Browser da SIMAlliance e o Wireless Internet Browser (WIB) da SmartTrust. Ambos se baseiam nas especificações 3GPP e acrescentam extensões próprias ao subconjunto WML para os criadores de aplicações e para as gateways. As mensagens enviadas entre as diferentes partes são apresentadas na figura 3. A principal vantagem do navegador USAT-i nas aplicações USAT é o facto de não ser necessária a instalação de applets pesadas "over the air". As aplicações são agrupadas em byte-codes que são enviados para o cartão SIM, interpretados por este e facilmente removidos. A segunda vantagem é a integração com a aplicação WIM através dos plug-ins PKI. Por conseguinte, as chaves privadas nunca são comprometidas e as assinaturas electrónicas podem ser consideradas "assinaturas qualificadas". Por último, tal como a tecnologia USAT, o navegador USAT-i não necessita de qualquer software no dispositivo e pode comunicar diretamente com a rede GSM através de mensagens curtas. Por outro lado, esta tecnologia é suportada por uma infraestrutura de rede adicional que deve ser fornecida pelo operador de rede. Por conseguinte, esta solução exige alguns investimentos por parte do operador de rede. Além disso, para oferecer soluções electrónicas baseadas nesta infraestrutura, seria necessário que todos os operadores de rede oferecessem esta infraestrutura aos seus utilizadores.

Conclusão

A assinatura eletrónica é essencial para fornecer serviços de não repúdio que tornam seguras e rápidas muitas acções no mundo digital, como o comércio eletrónico e os cuidados de saúde. Atualmente, a utilização da assinatura eletrónica em soluções de comércio eletrónico é uma tecnologia madura e amplamente alargada. A criação e a gestão de documentos electrónicos são muito fáceis e rápidas em comparação com os documentos em papel. A assinatura de um documento é uma parte essencial de um sistema de gestão de documentos e a assinatura eletrónica permite fazê-lo de uma forma fácil e segura. Atualmente, os utilizadores podem utilizar a assinatura eletrónica em qualquer computador (telemóvel, computador de secretária, computador portátil, tablet) e a área de utilização das assinaturas electrónicas está a aumentar.

Referências

1. O PARLAMENTO EUROPEU E O CONSELHO DA UNIÃO EUROPEIA http://eur-lex.europa.eu/legal-content/EN/TXT/HTML/?uri=CELEX:32014R0910&fro m=EN#d1e791-73-1 EUR-Lex. Jornal Oficial da União Europeia. Consultado em 1 de março de 2016. (10)
2. O PARLAMENTO EUROPEU E O CONSELHO DA UNIÃO EUROPEIA http://eur-lex.europa.eu/legal-content/EN/TXT/HTML/?uri=CELEX:32014R0910&fro m=EN#d1e791-73-1 EUR-Lex. Jornal Oficial da União Europeia. Consultado em 1 de março de 2016. (49)
3. O PARLAMENTO EUROPEU E O CONSELHO DA UNIÃO EUROPEIA http://eur-lex.europa.eu/legal-content/EN/TXT/HTML/?uri=CELEX:32014R0910&fro m=EN#d1e791-73-1 EUR-Lex. Jornal Oficial da União Europeia. Consultado em 1 de março de 2016. (49)
4. https://www.law.cornell.edu/uscode/text/15/7006 (5)
5. Turner, Dawn M. "INTRODUÇÃO AO XADES PARA PRESTADORES DE SERVIÇOS DE CONFIANÇA". http://www.cryptomathic.com/news-events/blog/eidas-from-directive-to-regulation -legal-aspects Cryptomathic. Recuperado em 1 de março de 2016.
6. Turner, Dawn M. "EIDAS FROM DIRECTIVE TO REGULATION - LEGAL ASPECTS". http://www.cryptomathic.com/news-events/blog/eidas-from-directive-to-regulation -legal-aspects Cryptomathic. Recuperado em 1 de março de 2016.
7. O PARLAMENTO EUROPEU E O CONSELHO DA UNIÃO EUROPEIA http://eur-lex.europa.eu/legal-content/EN/TXT/HTML/?uri=CELEX:32014R0910&fro m=EN#d1e791-73-1 EUR-Lex. Jornal Oficial da União Europeia. Consultado em 1 de março de 2016.
8. Instituto Europeu de Normas de Telecomunicações. "XMLAdvanced Electronic Signatures (XAdES) V1.4.1" (PDF). https://www.etsi.org/deliver/etsi ts/101900 101999/101903/01.04.01 60/ts 101903v010401p.pdf ETSI. Recuperado em 1 de março de 2016.
9. O CMS é definido no RFC 2630: www.ietf.org/rfc/rfc2630.txt.
10. "Projeto de referência de contador inteligente de deteção de adulteração eletrónica". http://www.freescale.com/webapp/sps/site/prod summary.jsp?code=RDELECTRONICTAMPER freescale. Recuperado em 26 de maio de 2015.
11. "Utilizar o cartão inteligente/Segurança Tokens".http://www.mxcsoft.com/Man Securing%20Privkeys.htm mxc software. Recuperado em 26 de maio de 2015.
12. O PARLAMENTO EUROPEU E O CONSELHO DA UNIÃO EUROPEIA http://eur-lex.europa.eu/LexUriServ/LexUriServ.do?uri=CELEX:31999L0093:EN:NOT
13. O PARLAMENTO EUROPEU E O CONSELHO DA UNIÃO EUROPEIA http://eur-lex.europa.eu/LexUriServ/LexUriServ.do?uri=CELEX:32003D0511:EN:NOT
14. http://ec.europa.eu/information society/policy/esignature/docs/standardisation/CE N grant/cen 2010 31.pdf

15. Diretiva 1999/93/CE do Parlamento Europeu e do Conselho, de dezembro de 1999, relativa a um quadro legal comunitário para as assinaturas electrónicas. 1999.
16. Especificações da Open Mobile Alliance. [Online]. Disponível: http://www.openmobilealliance.org

yes

I want morebooks!

Buy your books fast and straightforward online - at one of world's fastest growing online book stores! Environmentally sound due to Print-on-Demand technologies.

Buy your books online at
www.morebooks.shop

Compre os seus livros mais rápido e diretamente na internet, em uma das livrarias on-line com o maior crescimento no mundo! Produção que protege o meio ambiente através das tecnologias de impressão sob demanda.

Compre os seus livros on-line em
www.morebooks.shop

info@omniscriptum.com
www.omniscriptum.com

Printed by Books on Demand GmbH, Norderstedt, Germany

Printed by Books on Demand GmbH, Norderstedt / Germany